# INHALT

# VORWORT

Am 19. April 2005, drei Tage nach seinem 78. Geburtstag, wählten die im Konklave versammelten Kardinäle in der Sixtinischen Kapelle den Präfekten der Kongregation für die Glaubenslehre, Joseph Kardinal Ratzinger, zum Oberhaupt der katholischen Kirche. Er gab sich den Namen Benedikt. Am 16. April 2012 vollendet Papst Benedikt XVI. sein 85. Lebensjahr, nachdem er nun schon sieben Jahre das Amt als Nachfolger des heiligen Petrus bekleidet. Das vorliegende Buch, das für manche Leser den vielleicht etwas reißerisch anmutenden Titel *Benedikt XVI. – Prominente über den Papst* trägt, möchte überhaupt nicht reißerisch daherkommen, sondern eine bescheidene Geburtstagsgabe für den Heiligen Vater sein.

Insgesamt zwanzig Persönlichkeiten aus den Bereichen Kirche, Politik, Kultur, Wirtschaft und Sport haben sich bereit erklärt, kurze Beiträge zu verfassen, in denen sie ihre persönliche Sicht über die Person und das Wirken des amtierenden Papstes zum Ausdruck bringen. So unterschiedlich die Biografien und Tätigkeiten der Autorinnen und Autoren sind, so unterschiedlich auch die Erfahrungen und Perspektiven, aus denen der oberste Hirte der Kirche skizziert wird. Erfreulicherweise wollten nicht nur katholische, sondern auch evangelische Christen zu Wort kommen; sie machen aus ihrer religiösen Beheimatung kein Geheimnis und scheuen sich auch nicht, ausgehend von ihrer persönlichen Sichtweise, einige Desiderate anzumelden. Jeder Beitrag ist wie ein Mosaikstein, der dazu verhilft, dass am Ende ein farbiges Bild entsteht, in dem wesentliche Konturen des Pontifikats von Papst Benedikt XVI. zu erkennen sind. Die jeweiligen Überschriften der Beiträge sind wie ein roter Faden und geben einen knappen Ein- und Überblick über deren Inhalt. Sie wollen anregen, dass die Leser das Buch nicht nur zur Kenntnis, sondern auch zur Hand nehmen und sich in den Inhalt vertiefen. Dazu kann ich nur herzlich einladen: Die Lektüre lohnt sich!

Es mag überflüssig sein, aber es erscheint der Redlichkeit halber doch geboten, ausdrücklich zu betonen, dass dieses Werk keine »von oben« in Auftrag gegebene Gefälligkeitsarbeit ist. Den Autoren wurden keinerlei Vorgaben gemacht, alle hatten volle Freiheit, das Ihre zu sagen. Von Zensur keine Spur! Alle haben geschrieben, wie ihnen Herz und Sinn standen, dafür übernimmt auch jede und jeder die alleinige Verantwortung. Was aber allen am Herzen lag, war das aufrichtige Bestreben, Papst Benedikt so gut wie möglich gerecht zu werden und ohne Scheuklappen zu schreiben. Auch das Diktat der *political correctness* kam nicht zum Zug. Positiv gewendet: Was den Autoren vor Augen stand und als Richtschnur diente, war die Bitte »um jenen Vorschuss an Sympathie, ohne den es kein Verstehen gibt«, um es mit den Worten des Heiligen Vaters zu sagen (Joseph Ratzinger/Benedikt XVI., *Jesus von Nazareth*, Band 1, S. 22). Dieser Bitte wussten sich alle aus Überzeugung und Neigung verpflichtet.

Die Autorinnen und Autoren wünschen dem Heiligen Vater zur Vollendung seines 85. Lebensjahres Gesundheit an Leib und Seele sowie in allem Tun und Lassen Gottes reichen Segen: *Beatissime Pater, ad multos annos, ad multos et felicissimos annos!*

Vatikanstadt, 11. Februar 2012,
Gedenktag Unserer Lieben Frau von Lourdes

*Georg Gänswein*

# FRANZ BECKENBAUER

## Meine Begegnung mit dem Papst

Es war das Jahr vor der Fußball-Weltmeisterschaft in Deutschland. Als Präsident des Organisationskomitees bereiste ich mit einer kleinen Delegation alle einunddreißig Länder, deren Nationalmannschaften sich für die WM qualifiziert hatten. Wir nannten unser Unternehmen »Welcome-Tour« – und das war durchaus wörtlich gemeint: Wir wollten den Menschen in dem jeweiligen Land zeigen, dass wir uns auf ihr Team freuen und auf jeden Fußballfan, der mit nach Deutschland kommt, um seine Mannschaft bei den Spielen zu unterstützen.

Ende Oktober 2005 kamen wir aus Lissabon nach Rom. Von dort sollte es nach Warschau weitergehen. Es muss ein Dienstag gewesen sein. Am Abend fand in der Villa Miani – von dort hat man einen herrlichen Blick über die Dächer der Ewigen Stadt – ein Empfang statt. Dabei traf ich einige von den Spielern wieder, gegen die wir bei der WM 1970 in dem spektakulären Halbfinale, das als Jahrhundertspiel in die Fußballgeschichte einging, verloren hatten. Aber auch Claudio Gentile, Giancarlo Antognoni und Dino Zoff waren da, die Weltmeister von 1982. Wirklich ein gelungener Abend.

Aber der Höhepunkt unseres Rom-Aufenthaltes stand am nächsten Tag auf dem Programm. Wie jeden Mittwoch versammelten sich Zehn-

◄ *Franz Beckenbauer überreicht Papst Benedikt XVI. Ende Oktober 2005 in Rom auf dem Petersplatz den offiziellen Wimpel der FIFA WM 2006.*

tausende auf dem Petersplatz zur Generalaudienz des Papstes. Und unsere kleine Delegation gehörte diesmal dazu – Wolfgang Niersbach, Fedor Radmann, Rudi Völler, Marcus Höfl und ich. Das Wetter hätte nicht schöner sein können. Azurblauer Himmel, kaum Wolken, der Platz vor dem Petersdom lag in gleißendem Sonnenlicht.

Manchmal geht das Leben seltsame Wege. Anderthalb Monate zuvor war ich sechzig geworden, und jemand hatte mich gefragt, was ich mir an einem solchen Tag wünsche. Meine Antwort lautete: »Ich würde gern einmal den Papst persönlich kennenlernen.«

Joseph Ratzinger war damals noch nicht lange Papst, ungefähr ein halbes Jahr. Ich weiß noch, dass ich mich gefreut habe, als er gewählt wurde. Ein Deutscher als Papst, und noch dazu ein Bayer, ein Landsmann. Wenn man ihn im Fernsehen sah, machte er einen sympathischen, fast väterlichen Eindruck.

Ich bin von klein auf katholisch erzogen worden. Vor allem meiner Mutter war das sehr wichtig. Sie war ein gläubiger Mensch, ging bis ins hohe Alter regelmäßig in die Kirche. Sie hat mir viel fürs Leben mitgegeben – Werte, auf die es ankommt, und bestimmte Charaktereigenschaften, aber eben auch den Glauben. Als Kind war ich natürlich Ministrant in unserer Pfarrgemeinde in München-Obergiesing. Und später machte ich auch bei der katholischen Jugend mit. Aber irgendwann stand dann der Fußball mehr im Vordergrund, sodass ich mit den Kirchgängen ein bisschen geschludert habe.

Wir standen an diesem Tag also auf dem Petersplatz in Rom, etwas abseits von den Massen, in einem abgetrennten Bereich. Das hatte auch seinen Grund. Als nämlich die Generalaudienz zu Ende war, Papst Benedikt XVI. die letzten Worte gesprochen hatte, kam er zu uns. Bei ihm Georg Gänswein, sein Privatsekretär, der dankenswerterweise diese kleine Privataudienz für uns organisiert hatte. Auf einmal standen die beiden direkt vor mir – und der Papst reichte mir die Hand.

Solch einen Moment kann man schwer beschreiben. Die Ausstrahlung, die dieser Mann hat, diese innere Ruhe und Würde und seine

Herzlichkeit – das hat mich stark beeindruckt. Ich habe schon viele große Persönlichkeiten getroffen, aber diese Begegnung war etwas ganz Besonderes, sicher einer der bewegendsten Momente in meinem Leben, den ich nie vergessen werde.

Natürlich hatte ich mir vorher überlegt, worüber man mit dem Heiligen Vater sprechen könnte. Ich habe nicht unbedingt erwartet, dass er sich für Fußball interessiert oder sich damit auskennt. Aber auch da überraschte er mich. Er fing selbst an, über Fußball zu sprechen. Zum Beispiel wollte er wissen, wie die Vorbereitungen für die Weltmeisterschaft laufen, ob die Bauarbeiten in den Stadien rechtzeitig fertig werden und wie es um unsere Nationalmannschaft bestellt sei. Er meinte, sie sei im Moment doch sehr gut. Das sah ich damals nicht ganz so. Deshalb entgegnete ich ihm, sie sei zumindest auf dem Weg, eine gute Mannschaft zu werden. Darauf lächelte er milde.

Während unseres kurzen Gesprächs überreichte ich Papst Benedikt XVI. den offiziellen Wimpel der FIFA WM 2006. Er bedankte sich und wünschte uns und der Nationalmannschaft viel Glück für die Weltmeisterschaft in der Heimat, die ja auch seine Heimat ist. Und danach sagte er: »Ich werde mir viele Spiele im Fernsehen anschauen.«

Von dem Augenblick, als ich den Wimpel übergab, gibt es ein Foto, das uns beide zeigt – Papst Benedikt XVI. und mich. Wenn ich heute auf Reisen gehe, habe ich das Bild immer bei mir. Es liegt in meinem Koffer ganz oben.

Später, während der WM-Tage im Sommer 2006, musste ich an die Begegnung in Rom und an die Worte des Papstes denken. Ich stand in Berlin in meinem Hotelzimmer, vom Fenster konnte ich zur Fanmeile am Brandenburger Tor hinüberschauen. Eine Million Menschen aus aller Herren Länder, aller Hautfarben und aller Religionen hatten sich dort versammelt und feierten ein großartiges Fest. So, dachte ich, muss sich der liebe Gott die Welt vorgestellt haben.

Die Medien schrieben dann von der WM als »Sommermärchen« – und das war sie irgendwie auch. Es gab viele spannende Spiele, unsere

Mannschaft kam weit, auch wenn es für den Titel nicht reichte. Vor allem aber gingen die vielen Menschen, die zu uns nach Deutschland gekommen waren, so friedlich miteinander um, als wären sie alle eine große Familie. Ich weiß es nicht, aber vielleicht haben auch die guten Wünsche des Papstes dazu beigetragen, die er uns auf dem Petersplatz für die WM mitgegeben hatte.

Die Begegnung mit Benedikt XVI. hat in meinem Leben etwas verändert. Ich gehe seitdem wieder häufiger in die Kirche. Als der Papst kurz nach der Weltmeisterschaft nach Deutschland kam, habe ich mir alle Reden durchgelesen, die er während seines Besuches hielt. Darin sagte er immer wieder: »Geht hin zur Kirche und bekennt euch.« Das habe ich mir zu Herzen genommen.

Allerdings gehe ich am liebsten allein in die Kirche. Meistens morgens, nachdem ich die Kinder zur Schule gebracht habe. In der Nähe der Schule gibt es eine kleine Kirche. So früh am Morgen ist dort selten jemand. Meistens bin ich ganz allein. Dann genieße ich die Stille und bete. Es sind Dankgebete. Gott war immer sehr gnädig mit mir, ich habe viel Glück gehabt im Leben, das ist ein großes Geschenk.

Aber auch wenn ich nicht dazukomme, in die Kirche zu gehen, bete ich jeden Tag das »Vaterunser«. Es ist für mich das Gebet aller Gebete. Ich schöpfe Kraft und Stärke daraus und es hilft mir, die täglichen Aufgaben zu bewältigen und für meine Familie da zu sein.

# GEORG GÄNSWEIN

## Benedikt XVI. – »Einfacher und bescheidener Arbeiter im Weinberg des Herrn«

### Eine große Persönlichkeit auf dem Stuhl Petri

Auf dem Flug von Rom nach Berlin am 22. September 2011, zu Beginn seiner Apostolischen Reise nach Deutschland, antwortete Papst Benedikt XVI. auf die Frage, wie deutsch er sich noch fühle: »Hölderlin hat gesagt: Am meisten vermag doch die Geburt. Und das spüre ich natürlich auch. Ich bin in Deutschland geboren, und die Wurzel kann nicht abgeschnitten werden und soll nicht abgeschnitten werden. Ich habe meine kulturelle Formung in Deutschland empfangen. Meine Sprache ist deutsch, und die Sprache ist die Weise, in der der Geist lebt und wirksam wird. Meine ganze kulturelle Formung ist dort geschehen. Wenn ich Theologie treibe, tue ich es aus der inneren Form heraus, die ich an den deutschen Universitäten gelernt habe, und leider muss ich gestehen, dass ich immer noch mehr deutsche als andere Bücher lese, sodass in meiner kulturellen Lebensgestalt dieses Deutschsein sehr stark ist. Die Zugehörigkeit zu dieser eigenen Geschichte mit ihrer Größe und Schwere kann und soll nicht aufgehoben werden. Aber bei einem Christen kommt schon etwas anderes dazu. Er wird in der Taufe neugeboren, in ein neues Volk aus allen Völkern hinein, in ein Volk, das alle Völker und Kulturen umfasst und in dem er nun wirklich ganz zu Hause ist, ohne seine natürliche Herkunft zu verlieren. Wenn man dann eine große Verantwortung – wie ich die oberste Verantwortung – in diesem neuen Volk übernimmt, ist klar, dass man immer tiefer in dieses hineinwächst. Die Wurzel wird zum Baum, der sich vielfältig

erstreckt, und das Daheimsein in dieser großen Gemeinschaft eines Volkes aus allen Völkern, der katholischen Kirche, wird lebendiger und tiefer, prägt das ganze Dasein, ohne das Vorherige aufzuheben. So würde ich sagen: Es bleibt die Herkunft, es bleibt die kulturelle Gestalt, es bleibt natürlich auch die besondere Liebe und Verantwortung, aber eingebettet und ausgeweitet in die große Zugehörigkeit, in die *Civitas Dei* hinein, wie Augustinus sagen würde, das Volk aus allen Völkern, in dem wir alle Brüder und Schwestern sind.«[1]

In dieser Antwort können wir gleichsam die Wasserzeichen der Persönlichkeit und das tiefere Wesen des heutigen Nachfolgers Petri erkennen. Sie ergänzen das, was er als neu gewählter Papst sagte. Wer damals persönlich auf dem Petersplatz anwesend war oder über das Fernsehen den Moment verfolgte, als der weiße Rauch aus dem Kamin der Sixtinischen Kapelle der Welt einen neuen Papst ankündigte, wird niemals die innere Ergriffenheit und die knisternde Spannung vergessen, als der gerade gewählte Papst sich auf der Segensloggia des Petersdoms zeigte und unvergessliche Worte an die Menschenmasse auf dem Petersplatz richtete: »Nach dem großen Papst Johannes Paul II. haben die Herren Kardinäle mich gewählt, einen einfachen und bescheidenen Arbeiter im Weinberg des Herrn. Mich tröstet die Tatsache, dass der Herr auch mit ungenügenden Werkzeugen zu arbeiten und zu wirken weiß. Vor allem vertraue ich mich euren Gebeten an. In der Freude des auferstandenen Herrn und im Vertrauen auf seine immerwährende Hilfe gehen wir voran. Der Herr wird uns helfen, und Maria, seine allerseligste Mutter, steht uns zur Seite. Danke.«[2]

Diese Worte zeigen, dass der neue Papst vor der Welt zuallererst seinem Vorgänger Verehrung erweisen wollte. Das ist ein Akt tiefer Demut, der erstaunt und Bewunderung hervorruft. Am 20. April 2005, am Tag nach der Wahl in das oberste Hirtenamt, sagte Benedikt XVI. in seiner An-

◄  *Aufnahme von Papst Benedikt XVI. mit seinem Privatsekretär Prälat Dr. Georg Gänswein während der Generalaudienz auf dem Petersplatz in Rom im November 2009.*

sprache an die Kardinäle in der Sixtinischen Kapelle: »In diesen Stunden ist mein Inneres von zwei gegensätzlichen Empfindungen erfüllt. Einerseits ein Gefühl der Unzulänglichkeit und menschlichen Unruhe wegen der großen Verantwortung (...). Andererseits empfinde ich eine tiefe Dankbarkeit gegenüber Gott, der seine Herde nicht im Stich lässt, sondern sie die Zeiten hindurch unter der Führung derer leitet, die er als Stellvertreter seines Sohnes erwählt und als Hirten eingesetzt hat. Meine Lieben, trotz allem überwiegt in meinem Herzen diese tiefe Dankbarkeit für ein Geschenk der göttlichen Barmherzigkeit. Und ich betrachte diese Tatsache als eine besondere Gnade, die mir von meinem verehrten Vorgänger Johannes Paul II. erwirkt wurde. Mir scheint es, seine feste Hand zu fühlen, die meine Hand drückt; mir scheint es, seine lächelnden Augen zu sehen und seine Worte zu hören, die in diesem Augenblick besonders mir gelten: ›Hab keine Angst!‹«[3] Wie ehrlich und demütig zugleich sind diese Worte! Es ist wunderbar, dass ein Papst der Fürbitte seines Vorgängers die erste Gabe seines Pontifikates zuschreibt: den Frieden des Herzens inmitten des unerwarteten Sturms der Gefühle. Papst Benedikt XVI. hat damit der Kirche und der Welt ein ergreifendes Beispiel kirchlichen Denkens und Handelns gegeben: Wer einen pastoralen Dienst beginnt, darf die Spuren dessen, der vor ihm gearbeitet hat, nicht auslöschen, sondern muss seine eigenen Fußstapfen demütig in die Spuren dessen setzen, der vor ihm gegangen ist und sich abgemüht hat. Der Papst hat das Erbe seines Vorgängers angenommen und ist dabei, es mit der ihm eigenen sanften, aber geradlinigen Art auszufalten, mit seinen besonnenen und tiefen Worten, mit seinen abgewogenen und zugleich wirkungsvollen Gesten.

Dass dem polnischen Papst ein Mann aus Deutschland folgte, war eine Sensation. Doch es gab gute Gründe, die für Kardinal Ratzinger sprachen. Keiner kannte das Amt so gut wie er. Keiner hat wie er als Theologe von Weltrang so offen und intensiv große Themen angepackt. Er war der Mann, der das Pontifikat Karol Wojtylas entscheidend mitgeprägt hatte. Und auf geheimnisvolle Weise erfüllte sich damit auch eine Vision. Zeitlebens, so hatte der Kardinal mehrfach seine Lebenssituation bezeichnet, empfand er sich wie »an der Tür vor Ostern, allerdings noch nicht eingetreten«[4]. Als aus einem Konklave der Einheit Benedikt XVI. hervorging, der erste Pontifex des dritten Jahrtausends, hat er die Schwelle überschritten. Die jahrzehntelangen Anfeindungen konnten dem standhaften Kirchenführer offenbar nichts anhaben. Benedikt überzeugte durch Demut, Klarheit und Liebe. Und nahezu atemberaubend wirkte, wie er quasi aus dem Stand heraus einen nahtlosen Zusammenfluss zweier Pontifikate schuf.

Es ist nicht allzu lange her, dass Studenten der katholischen Theologie mancherorts für das Zitieren von Ratzinger-Texten von ihren Professoren belächelt wurden. Als Präfekt der Glaubenskongregation galt er vielen schon kraft seines Amtes als der Polizist des Papstes. In der Tat wurde der Kardinal zum Stachel im Fleisch einer postmodernen Welt, in der die Frage nach der Wahrheit für sinnlos gehalten wird, in einer Wohlstands- und Habsuchtsgesellschaft, die sich mehr und mehr von Gott abzuwenden scheint.[5] Ein Unbequemer, der ein schweres Joch auf sich nahm, ohne groß zu hadern. Wer aber ist dieser Mann wirklich? Wie ist es möglich, dass er binnen vierundzwanzig Stunden nach seiner Wahl ein völlig neues Image bekam? Hatte er mit den Kleidern auch sein Wesen gewechselt? Oder hatten wir von diesem Gottesgelehrten, der so unbeirrbar wie bescheiden ist, eine falsche Vorstellung? Es ist an der Zeit, das von gewissen Medien produzierte Bild des früheren Kardinals einer gründlichen Revision zu unterziehen. Nicht nur um einer großen Persönlichkeit gerecht zu werden, sondern vor allem um vorurteilsfrei zu hören, was der Mann auf dem Stuhl Petri zu sagen hat.

Das Amt des obersten Hirten der Kirche hat eine Dimension, die das Wesen des Menschen Joseph Ratzinger und die Gaben, die ihm gegeben sind, nun offenbar ganz zur Geltung bringt. Der Papst ist dabei kein Politiker, sein Pontifikat ist kein Projekt. Es geht weder um besondere Kreativität noch um persönliche Profilierung. Nicht von ungefähr ist der Begriff »Vorsehung« im Vokabular des deutschen Pontifex ein häufig verwendetes Wort. Und demonstrativ verzichtete er bei seiner Amtseinführung am 24. April 2005 auf ein »Regierungsprogramm«. Dies stünde ohnehin längst fest, seit 2000 Jahren, um genau zu sein. Deutlich und klar sagte der Heilige Vater: »Das eigentliche Regierungsprogramm aber ist, nicht meinen Willen zu tun, nicht meine Ideen durchzusetzen, sondern mit der ganzen Kirche auf das Wort des Herrn zu hören und seinem Willen zu folgen und mich von ihm führen zu lassen, damit er selbst die Kirche führe in dieser Stunde unserer Geschichte.«[6] Seit diese Worte gesprochen wurden, sind fast auf den Tag genau sieben Jahre vergangen. Für ein Pontifikat ist das sicher keine allzu lange Zeit, aber doch ausreichend, um Bilanz zu ziehen. Wofür setzt sich Benedikt XVI. ein? Welche Botschaft will er den Menschen bringen? Was bewegt ihn, und was hat er selbst zu bewegen vermocht? Als »Diener der Diener Gottes« gibt er einen Ton der Sanftmut vor, pflegt er die Kollegialität der Hirten, konzentriert er sein Amt auf das Wesentliche, allem voran auf die Erneuerung im Glauben, das Geschenk der Eucharistie und die Einheit der Kirche. Und offenbar gerade durch die Stärkung der Fundamente gelang ihm mit der Mitgift seines großen Vorgängers, was in dieser Spanne kaum jemand für möglich gehalten hatte: die Revitalisierung der Kirche in schwieriger Zeit. Innerhalb der Kurie hat er frühere Formen belebt und gleichzeitig alte Zöpfe abgeschnitten.

Wasser ist auf der ganzen Welt immer dasselbe: Es handelt sich stets um dieselbe Zusammensetzung von Wasserstoff und Sauerstoff. Und dennoch ist das Wasser überall anders. Warum? Weil das Wasser jedes Mal von dem Boden, der es filtert, besondere Eigenschaften annimmt. Das lässt sich auch auf die Päpste übertragen. Sie erfüllen dieselbe Sendung und antworten auf denselben Ruf Jesu Christi. Aber jeder antwortet mit der ihm eigenen Persönlichkeit und der eigenen unwiederholbaren Sensibilität. Das ist einzigartig: Es ist ein Zeichen der Einheit in der Verschiedenheit; es ist Sinnbild für das, was in der Kirche geschieht, wo Altes und Neues in Kontinuität zusammengehen und in Einklang gebracht werden. Konkret heißt das: Benedikt XVI. ist nicht wie Johannes Paul II.; Gott mag keine Wiederholungen und Fotokopien. Johannes Paul II. war nicht wie Johannes Paul I., so wie Johannes Paul I. nicht wie Paul VI. war und Paul VI. nicht wie Johannes XXIII. Und doch haben alle Christus leidenschaftlich geliebt und seiner Kirche treu gedient: *Deo gratias!*

Es muss hervorgehoben werden, wie sehr dieser Papst uns alle überrascht hat: Zunächst durch die Leichtigkeit, mit der er das Amt seines Vorgängers übernahm und auf seine eigene Weise kraftvoll ausführte. Johannes Paul II. war der Papst der großen, unmittelbar ansprechenden Bilder; Benedikt XVI. ist vor allem der Papst des Wortes, der faszinierenden Kraft der christlichen Botschaft. Er ist mehr Theologe als Mann der großen Gesten, er ist ein Mann, der von Gott »spricht«. Die Frage nach Gott ist nichts Gestriges, sie ist hochaktuell. Der Mensch findet seine Erfüllung in einem Leben aus dem christlichen Glauben. Das ist die fundamentale Botschaft des Heiligen Vaters, die seine Ansprachen und Predigten wie ein roter Faden durchzieht. Denn es ist allein Gott, der den Menschen frei macht von der Sünde und von den Engführungen dieser Welt.[7] Genauso ist zu bewundern, wie es dem ehemaligen Präfekten der Kongregation für die Glaubenslehre mit seiner Herzlichkeit, seiner Einfachheit und seiner Menschlichkeit gelingt, die Herzen zu gewinnen. Kennzeichnend ist auch sein Mut: Benedikt XVI. schreckt nicht vor Auseinandersetzungen und Debatten zurück. Er nennt die Defizite und Irrtümer beim Namen und kritisiert vorgeblich religiös begründete Gewalt. Er hört nicht auf, uns daran zu erinnern, dass man sich mit Relativismus und Hedonismus genauso von Gott abwendet wie mit dem Aufzwingen der Religion durch Krieg und Gewalt. Im Zentrum seines Denkens steht die Frage nach der Beziehung zwischen Glaube und Vernunft, zwischen Wahrheit und Freiheit, zwischen Religion und Menschenwürde.[8]

Aus seiner Sicht wird die Neuevangelisierung Europas und der ganzen Welt dann möglich, wenn die Menschen begreifen, dass Glaube und

Vernunft keine Gegensätze, sondern aufeinander angewiesen sind. Glaube, der nicht an der Vernunft Maß nimmt, wird selbst unvernünftig und unsinnig. Auf der anderen Seite reicht ein Vernunftbegriff, der nur das Messbare anerkennt, nicht aus, um die gesamte Wirklichkeit zu verstehen. Die Vernunft muss Raum lassen für den Glauben, und der Glaube muss vor der Vernunft Rechenschaft ablegen. Im Grunde geht es dem Papst darum, erneut den Kern des christlichen Glaubens zu betonen: die Liebe Gottes zu den Menschen, die im Kreuzestod Jesu und in seiner Auferstehung ihren unüberbietbaren Ausdruck findet. Diese Liebe ist das unveränderliche Zentrum, auf dem die christliche Hoffnung auf das ewige Leben gründet, aber auch die Verpflichtung zur Barmherzigkeit, zur Nächstenliebe, zum Gewaltverzicht. Nicht ohne Grund trägt die erste Enzyklika von Papst Benedikt XVI. den Titel *Deus Caritas est*, »Gott ist die Liebe«. Das ist ein klares Signal, ein programmatischer Satz seines Pontifikats. Benedikt XVI. will das Großartige der christlichen Wahrheit hell erstrahlen lassen. Der Mensch findet seine Erfüllung in einem Leben aus dem Glauben. Das ist der zentrale Punkt. Aus der Sicht des Heiligen Vaters liegt hier die Kraft und auch die Zukunftsperspektive für den Glauben. Die Botschaft des Nachfolgers Petri ist ebenso einfach wie tief: Der Glaube ist nicht ein Problem, das man lösen müsste, sondern ein Geschenk, das es Tag für Tag neu zu entdecken gilt. Der Glaube schenkt Freude und Erfüllung. Dies charakterisiert mehr als alles andere das Pontifikat des Theologen-Papstes.[9]

Dieser Glaube ist keineswegs außerweltlich und ungeschichtlich. Er hat ein menschliches Gesicht: Jesus Christus. In ihm ist der verborgene Gott sichtbar, berührbar geworden. Gott in seiner unvorstellbaren Größe schenkt sich selbst in seinem Sohn. Es drängt den Papst, den menschgewordenen Gott »urbi« et »orbi« zu verkünden, den Großen und den Kleinen, den Mächtigen und den Ohnmächtigen, in der Kirche und darüber hinaus, sei es gelegen oder ungelegen. Allen will er Christus zeigen, in dem die Größe Gottes und zugleich die Größe des Menschen in unüberbietbarer Weise aufstrahlt. Und auch wenn alle

Augen und Kameras auf ihn gerichtet sind, geht es nicht um ihn. Der Heilige Vater stellt nicht sich in den Mittelpunkt; er verkündet nicht sich selbst, sondern Jesus Christus, den einzigen Erlöser der Welt. Wer mit Gott in Frieden lebt, wer sich mit ihm versöhnen lässt, findet auch den Frieden mit sich selbst und mit den Menschen und der Schöpfung um ihn herum. Der Glaube hilft leben, der Glaube schenkt Freude und Leben in Fülle, der Glaube ist ein großes Geschenk: Das ist die tiefste Überzeugung von Papst Benedikt. Für ihn ist es eine heilige Pflicht, Spuren zu legen, die zu diesem Geschenk führen. Davon will er Zeugnis ablegen »in ganz Judäa und Samarien und bis an die Grenzen der Erde« (Apg 1,8).

# Anmerkungen

1   Apostolische Reise Seiner Heiligkeit Papst Benedikt XVI. nach Berlin, Erfurt und Freiburg, 22.–25. September 2011. Predigten, Ansprachen und Grußworte, in: *Verlautbarungen des Apostolischen Stuhls* (Nr. 189), hrsg. vom Sekretariat der Deutschen Bischofskonferenz, Bonn 2011, S. 15–16. Abgedruckt auch in: *Benedikt XVI. Der Papst in Deutschland. Begleitet von Michael Hesemann,* Augsburg 2011, S. 8.

2   Original italienisch in: *Insegnamenti di Benedetto XVI*, I, 2005 (Aprile–Dicembre), Libreria Editrice Vaticana 2006, S. III (Premessa). Deutsche Fassung in: Der Anfang. Papst Benedikt XVI., Joseph Ratzinger. Predigten und Ansprachen, April/Mai 2005, in: *Verlautbarungen des Apostolischen Stuhls* (Nr. 168), hrsg. vom Sekretariat der Deutschen Bischofskonferenz, Bonn 2005, S. 18.

3   Original lateinisch in: *Insegnamenti di Benedetto XVI*, I, 2005 (Aprile–Dicembre), Libreria Editrice Vaticana 2006, S. 1–7, hier S. 1. Deutsche Fassung in: Der Anfang. Papst Benedikt XVI., Joseph Ratzinger. Predigten und Ansprachen, April/Mai 2005, S. 20.

4   Vgl. Peter Seewald, *Benedikt XVI. Leben und Auftrag. Die große Biografie in Bildern und Texten*, Augsburg 2006, S. 6–7, hier S. 6.

5   Vgl. ebd.

6   Original italienisch in: *Insegnamenti di Benedetto XVI*, I, 2005 (Aprile–Dicembre), Libreria Editrice Vaticana 2006, S. 20–26, hier S. 22. Deutsche Fassung in: Der Anfang. Papst Benedikt XVI., Joseph Ratzinger. Predigten und Ansprachen, April/Mai 2005, S. 30–36, hier S. 32.

7   Vgl. Hans Langendörfer, *Papst Benedikt in Deutschland. Unvergessliche Begegnungen in Wort und Bild,* Freiburg 2011, S. 7–8.

8   Vgl. Kai Diekmann, Das Faszinosum zum Leuchten bringen, in: *Benedikt XVI. Urbi et Orbi. Mit dem Papst unterwegs in Rom und der Welt*, hrsg. von Georg Gänswein, Freiburg 2010, S. 6.

9   Vgl. Georg Gänswein, Dem großen Geschenk auf der Spur, in: *Benedikt XVI. Urbi et Orbi*, S. 4–5.

# PETER GAUWEILER

# Auch unser Heiliger Vater

## Anmerkungen eines bayerischen Protestanten

Als ich den berühmten Professor aus Regensburg zum ersten Mal predigen hörte – am 28. Mai 1977, bei seiner Amtseinführung als Erzbischof von München und Freising – traf er mich mitten ins Herz: »Ein Bayern, in dem nicht mehr geglaubt würde, hätte seine Seele verloren; und keine Denkmalpflege auf der Welt könnte darüber hinwegtäuschen.« Das saß und sitzt noch heute. Zugegeben – ich gehöre der evangelisch-lutherischen Kirche an, meine Vorfahren stammen aus der Unteren Pfalz, wo die evangelische Linie der Wittelsbacher über die Jahrhunderte am Ruder war. Aber in den bald vierunddreißig Jahren, in denen ich den heutigen Papst kenne, wurde dieser große Mann auch für mich zu einem überragenden Religionslehrer, einem Wieder-befestiger, einem – ich muss es so nennen – zweiten Reformator aus Deutschland.

Kurz nach seinem Amtsantritt besuchte er die Münchner evangelisch-lutherische St. Matthäus-Gemeinde am Sendlinger-Tor-Platz zu einem Abendgottesdienst. Er warb dafür, in diesem nachbarschaftlichen Besuch kein einmaliges Ereignis zu sehen, sondern dieses wechselseitig fortzusetzen. Die Rede war geprägt von einem beiderseitigen hohen Respekt vor der Liturgie des anderen, also versöhnte Verschiedenheit, statt konfessioneller Einebnung durch einen künstlich unierten Kanon – Letzteres sind meine Worte. Das, was wir Münchner und Bayern *in politicis* von ihm hörten, hieß »Politik aus christlicher Verantwortung«, was viel breiter war als der Begriff der »christlichen Politik«.

▲ *Papst Benedikt XVI. empfängt Vertreter der Vereinigten Evangelisch-Lutherischen Kirche in Deutschland (VELKD) am 24. Januar 2011 im Vatikan.*

Unser neuer Kardinal wich keinem Thema aus. Das war etwas anderes als die Sprache der Modernisten, die uns in den späten Siebzigerjahren – katholisch oder evangelisch – mächtig zum Halse heraushing: Wir, die die Achtundsechzigerjahre an der Universität durchlaufen und ihre Herausforderung angenommen hatten. Da stand auf einmal ein Mann der Kirche vor uns, der kein ewiger Infragesteller war, sondern der eine Botschaft verkündete, so klar und richtig, wie wir sie schon lange nicht mehr gehört hatten.

Seit dieser Zeit habe ich mit und durch Joseph Kardinal Ratzinger, aus dem später Papst Benedikt XVI. werden sollte, immer wieder Sternstunden erlebt. Von einigen will ich erzählen:

Krieg gegen den Irak. Es war die Zeit nach dem 11. September 2001, Amerika war gedemütigt. Kam jetzt ein Gegenschlag, als »Kreuzzug« verkleidet? Einige Freunde und ich wollten etwas unternehmen, damit die Christlichen Demokraten nicht auf dem falschen Fuß Hurra schrien. Der Einmarsch hatte noch nicht begonnen, aber die US-Air Force bombardierte schon Militäranlagen im Irak. Da luden der chaldäische Patriarch von Babylon, Raphael I. Bidawid, und der Bischof von Bagdad, Emmanuel Delly, mich mitten in diesem Drama ein, in das Zweistromland zu reisen, in ihre Diözese nach Bagdad, um »mit uns gemeinsam in unseren Kirchen dafür zu beten, dass der Herr den Krieg und seine tragischen Folgen von uns fernhalte«.

»Wollen Sie wirklich dorthin fliegen?«, fragte mich Kardinal Ratzinger, der diese Einladung ermöglichte. Natürlich wollte ich, und so kam es, dass mein Bundestagskollege Willy Wimmer und ich in der Marienkathedrale von Bagdad unser Anliegen sichtbar machen konnten. Wir hatten Schreiben hoher Würdenträger aus der katholischen und evangelischen Welt mitgebracht, übrigens auch der amerikanischen Methodisten – der Kirche von George W. Bush –, die den bevorstehenden Krieg scharf verurteilten. Diese Schreiben wurden in einer feierlichen heiligen Messe verlesen, vor den zu Hunderten versammelten chaldäischen Christen Bagdads, auf Aramäisch, der Sprache Jesu Christi.

Auf unserer Rückreise, bei der wir erneut die schon verhängte Flugverbotszone überwinden mussten, über Damaskus nach Rom, empfing uns Kardinal Ratzinger im Vatikan, um von unseren Eindrücken zu hören. Nachdem der Krieg ausgebrochen war, erfuhren wir, dass Bischof Delly bei den Bombardements verletzt und das Gebäude des Patriarchats durch die Luftangriffe erheblich beschädigt worden war. Jahre später habe ich Emmanuel Delly, der zwischenzeitlich zum Kardinal ernannt worden war, noch einmal in Bagdad besucht, gemeinsam mit dem deutschen Außenminister Frank Walter Steinmeier. Sein Bistum war in den Jahren nach dem Irak-Krieg fast zur Hälfte dezimiert worden. Aber der »Patriarch von Babylon« war in Bagdad geblieben. »Ihr in Europa, vergesst die Christen des Ostens nicht«, bat er uns zum Abschied.

In unserer innerdeutschen Irak-Debatte erwies sich die unmissverständliche Verurteilung dieses Krieges durch Papst Johannes Paul II. und die sichtbare Unterstützung durch Kardinal Ratzinger für Willy Wimmer und mich als entscheidende Hilfe in unserem bürgerlichen Widerstand gegen eine Kriegslogik, der sich Deutschland nach unserer Meinung nicht anschließen durfte. Auf der traditionellen Winterklausur der CSU im oberbayerischen Wildbad Kreuth hatte ich meine Parteifreunde vor die Frage gestellt: »Wollt ihr Bush oder den Papst?« Das wirkte dann doch. Die CSU und der aus ihren Reihen gewählte Kanzlerkandidat, der bayerische Ministerpräsident Edmund Stoiber, unterstützten den Krieg der Amerikaner schließlich nicht.

Ein Anlass, den ich ebenfalls nicht vergessen werde, waren im Oktober 1988 die Beerdigungsfeierlichkeiten von Franz Josef Strauß in Rott am Inn, die Kardinal Ratzinger leitete. Der Kardinal erinnerte in seiner Predigt über Strauß an Charles de Gaulle und an André Malraux und an dessen Wort von der Eiche, die gefällt wurde, und sagte in Bezug auf Franz Josef Strauß, dass »es doch auch ein gutes Zeichen Gottes war, das er ihm geschenkt hat, so kraftvoll wegzugehen, wie er gewesen war«.

In den Neunzigerjahren hatte mir unsere Verbundenheit sogar einen publizistischen Ausflug in die römische Glaubenskongregation ermöglicht: Die größte deutsche Sonntagszeitung, die »Welt am Sonntag«, hatte Klaus Bölling, ehemals Sprecher des Bundeskanzlers Helmut Schmidt, und mich eingeladen, Gespräche mit prominenten Zeitgenossen zu führen. Für die Osterausgabe des Jahres 1999 sollten wir Kardinal Ratzinger in Rom interviewen. Zwei lutherische Querköpfe saßen dann dem damaligen bayerischen Kardinal gegenüber und stellten ihm Fragen über »Gott und die Welt«: »Wie will der Vatikan den damaligen Beratungsschein-Konflikt innerhalb des deutschen Episkopats auf die Reihe bringen, entstanden durch die qualvolle Abtreibungsdebatte? Kann sich Rom eine Kursänderung beim Dauerthema ›wiederverheiratete Geschiedene‹ vorstellen? Was hält die Kurie vom islamischen Religionsunterricht an deutschen Schulen? Und wie können die katholische und evangelische Kirche vermeintlich Trennendes überwinden und so größere Gemeinsamkeit finden?«

Es wurde ein langes und reiches Gespräch, in dem Klaus Bölling und ich von unserem Gegenüber einmal mehr tief beeindruckt waren. Der Sozialdemokrat Bölling rühmte danach den klugen und klaren Denker von höchstem Rang als feinsinnig, humorvoll, ebenso fromm wie uneitel.

Unsere Frage nach der eigentlichen Herausforderung für die Kirche im verweltlichten Deutschland fand eine Antwort, die später sogar zu einem Leitthema seines Pontifikats werden sollte: die Diskrepanz zwischen unserem technischen und faktischen Können einerseits und unserer moralischen Einsichtsfähigkeit andererseits. Gott, so Ratzinger, würde zu einer fernen Hypothese und in den Bereich des Subjektiven abgedrängt. »Wenn aber das Subjekt das letzte Wort hat, dann zerfällt die Kirche und dann zerfallen auch gemeinsame ethische Maßstäbe.« Gott wieder gemeinsam sehen zu lernen, das sei die »eigentliche und wesentliche Herausforderung«.

Natürlich redeten wir auch über Luther. Die schönste Antwort des Kardinals: »Er ist in Gottes Händen.« Ratzinger würdigte ihn als »Lehrer«, rühmte »die Präsenz seiner Lieder, die Gebete sind, in der katholischen Kirche«. Und: »Er hat uns allen etwas gegeben!« Das Ratzinger-Interview erschien in zwei hintereinanderfolgenden Ausgaben der »Welt am Sonntag«. Diese Ausgaben erzielten die höchste Auflage in der Geschichte dieser Zeitung. Klaus Bölling und ich jubelten in der »Welt am Sonntag« wie vormals der Protestant Goethe in Rom: »Man möchte gleich ganz katholisch werden.«

In besonderer Weise veredelte Kardinal Ratzinger über die Jahre unser aller Bayerischsein. *Etiam Romae, semper civis bavaricus ero!* (»Auch in Rom werde ich immer Bayer bleiben!«) So hatte er sich im Jahr 1982 aus München verabschiedet, als er in die Kurie berufen wurde. Aber sogar noch als vom Konklave zum obersten Hirten seiner weltumspannenden Kirche bestimmter Pontifex blieb er der bayerischen Heimat verbunden. Alle Welt sah, wie er im Jahr 2006 sein Bayern besuchte, als Papst Benedikt XVI., und wie die Bayern mit ihrem Papst das Wiedersehen auf weiß-blauem Boden feierten: Als Erstes auf dem Münchner Marienplatz, wo er die Bayernhymne mitsang und allen gestand: »Ich bin tief bewegt, wieder hier zu stehen (...), mein Herz schlägt immer noch bayerisch.«

Niemand ist bayerischer als die Bayerischen Gebirgsschützen. Wann immer sie nach Rom pilgern, um ihre Verbundenheit zu bekunden, werden sie von ihm, der ihr Ehrenmitglied ist, mit offenen Armen empfangen. So war es schon, als wir – ich gehöre der Kompanie Traunstein an, also der Stadt, wo Ratzinger in der Mitte seiner Familie aufwuchs – den Kardinal im Jahr 2002 zu seinem 75. Geburtstag in Rom feierten. Ehrengast dieser Feier war Papst Johannes Paul II., dem der Kardinal mehrere seiner Gäste persönlich vorstellte, darunter mit liebenswürdigsten Worten auch mich, seinen protestantischen Anhänger aus Bayern. Ich habe das Bild dieser gemeinsamen Begegnung dauerhaft vor Augen.

Drei Jahre später, nach seiner Wahl zum Papst, wollten die Traunsteiner Gebirgsschützen an dem festlichen Gottesdienst auf dem Petersplatz teilnehmen. Auch diese Teilnahme – es war ein Weltereignis – ist mir unvergesslich. Abends um 18 Uhr erreichten wir nach langer Busfahrt über die Alpen die Ewige Stadt. Eine kurze Nacht stand uns bevor: Wecken um 3.45 Uhr, auf zum Petersplatz. Kurz nach der Einfahrt in die Ewige Stadt eine Katastrophenmeldung: Durch die Via Aurelia wurde kein Privatbus mehr durchgelassen. Also Fußmarsch. Mit den weiß-blauen Schützenfahnen voraus marschierten wir durch Rom. Das beeindruckte sogar die Carabinieri, die uns bis zum Petersplatz durchließen. Vor uns in der aufgehenden Sonne der Dom, links und rechts die Bernini-Kolonnaden. Halleluja! Wir salutierten dem bayerischen Papst und jubelten ihm zu.

Und im Sommer 2011 besuchte dann eine Delegation von fast dreihundert Personen aus dem Chiemgau Benedikt in dessen Sommerpalast in Castel Gandolfo. Der Heilige Vater wollte den Goldenen Ehrenring, die höchste Auszeichnung des Landkreises Traunstein, persönlich entgegennehmen: Musikkapelle, Gebirgsschützen, Trachtler und Goaßl-Schnalzer zogen vom Marktplatz in den Innenhof des Palastes. Bayerischer Defiliermarsch zur Begrüßung des Papstes, Buam und Dirndl tanzten und plattelten sauber auf, die Schnalzer ließen es krachen. Chiemgau und Ruperti-Winkel in Castel Gandolfo – das gab es noch nie. Ein weiß-blaues Fest und ein Papst, der gerührt seinen Besuchern dafür dankte, dass sie ihn wieder »die Freude und die Schönheit der bayerischen Kultur einen Augenblick haben erleben lassen«. Um es mit ihm selbst zu sagen: Die Verbundenheit mit der Heimat »ist die Wurzel, aus der man lebt«.

Schon wenige Wochen danach konnte ich den Papst wiedersehen: im Herbst des Jahres 2011 am Rednerpult des Bundestages. Über sich den Bundesadler, vor sich die Reihen der Abgeordneten und Besucher, so voll wie nie. Auch wenn alle Fraktionen des deutschen Parlaments den Besuch Benedikts im Hohen Haus begrüßten – es hatte zuvor wilde Debatten über das Ereignis gegeben. Gleichgültig war dieser Redner niemandem. Ein mir freundschaftlich verbundener Kollege aus der Linkspartei – ich hatte ihm zuvor streng ins Gewissen geredet – »simste« mir zu: »Ich werde da sein und mich erheben, wenn er kommt.« Eine Stunde, bevor er kam, legte sich um das Reichstagsgebäude eine

Atmosphäre erwartungsvoller Stille, wie ich sie an diesem Ausnahmeort der deutschen Politik noch nie erlebt habe.

Es war fast ein bisschen wie zu Hause, als wir Kinder waren, beim Warten aufs Christkind. Die Abgeordneten saßen freudig erwartungsvoll auf ihren Plätzen, ein bisschen nervös, mein Kollege Ströbele, ein Gegenkamerad aus der APO-Zeit, ging, sichtbar mit sich kämpfend, in den Plenarsaal hinein und dann wieder hinaus. Die Saaldiener, die in den Sitzungswochen die Morgenandacht des Parlaments im Andachtsraum des Reichstagsgebäudes betreuen, sammelten sich am Eingang. Schließlich kam er und hielt eine »große und menschliche (...), eine fundamentale, aber überhaupt nicht fundamentalistische Rede«, wie der auf einmal gar nicht mehr so kirchenkritische Heribert Prantl in der *Süddeutschen Zeitung* schrieb – »die urgläubige Rede eines gelehrten alten Mannes, die spüren ließ, warum sich die Kraft dieser Kirche nicht nur aus dem Mythos einer 2000-jährigen Geschichte speist. Diese Kraft kommt auch aus dem Geist, den sie verkörpern kann«.

In seiner Rede stellte uns der Papst die Frage nach dem Recht und nach der Politik in einer freien Gesellschaft. Ausgehend von der dramatischen Mahnung des Kirchenvaters Augustinus von vor über 1600 Jahren: »Nimm das Recht weg, was ist dann der Staat noch anderes als eine große Räuberbande?« Am Ort der Volksvertretung und der Gesetzgebung rief der Papst uns ewigen Mehrheitssuchern in Erinnerung, dass Recht auf Werten ruht, die der Mehrheitsentscheidung entzogen sein sollten: weil sie jedem Menschen von Geburt an zu eigen sind.

Angerührt hat uns alle – insbesondere natürlich die deutschen Grünen – die Rede des Papstes auch dort, wo er das »Auftreten der ökologischen Bewegung in der deutschen Politik seit den Siebzigerjahren« ansprach und lobte. Wir in Bayern hatten ja schon seit Anfang der Siebzigerjahre Pionierarbeit im Umweltschutz geleistet: mit dem ersten Umweltministerium der Welt. Anfang der Neunzigerjahre hatte ich selbst als bayerischer Umweltminister die Verantwortung für die ökologischen Herausforderungen in unserem Freistaat getragen. Und nun stand der Papst im Deutschen Bundestag und würdigte die ökologische Bewegung, welche langfristig bewusst macht, »dass irgendetwas in unserem Umgang mit der Natur nicht stimmt. Dass Materie nicht nur Material für unser Machen ist, sondern dass die Erde selbst ihre Würde in sich trägt und wir ihrer Weisung folgen müssen«. – Sätze, die den »Sonnengesang« des heiligen Franziskus ins 21. Jahrhundert fortgeschrieben haben.

Ein weiteres Bild vom Besuch des Papstes in Deutschland habe ich vor Augen, das den Evangelischen besonders wertvoll ist: der Papst an der Wirkungsstätte Martin Luthers in Erfurt, im Augustiner-Kloster. Besser hätte die Dekade zum 500. Jahrestag der Reformation nicht beginnen können. Ein Ereignis, das über die Jahrhunderte reicht: Der römische Papst schreitet über die Schwelle jenes heute evangelisch verwalteten Klostergebäudes, wo Luther Mönch war. Wo alles anfing, würdigte der Papst den suchenden und ringenden Reformator – seinen katholischen Bruder Martin und dessen Suche nach Erlösung: »Wie finde ich einen gnädigen Gott?« Und Benedikt ehrte alle Evangelischen mit dem Bekenntnis: »Diese Frage, die die bewegende Kraft seines ganzen Weges war, trifft mich immer neu.« Er rühmte die radikale Gottbezogenheit Luthers: »Die Frage: Wie steht Gott zu mir, wie stehe ich vor Gott? – Diese brennende Frage Martin Luthers muss wieder neu und gewiss in neuer Form auch unsere Frage werden.« »Der Grund, da ich mich gründe …«, heißt es in einem unserer alten Kirchenlieder.

In mir kam bei den Bildern aus Erfurt eine Reichstag-in-Worms-Stimmung auf, als Luther vor den Mächtigen des Reiches und des Klerus zu Konzessionen in Sachen des Glaubens gedrängt werden sollte. Benedikt stellte die Frage nach »Gastgeschenken« in Form inhaltlicher Zugeständnisse und beantwortete sie wie folgt: »Der Glaube ist nicht etwas, was wir ausdenken oder aushandeln. (…) Nicht durch Abwägung von Vor- und Nachteilen, sondern nur durch tieferes Hineindenken und Hineinleben in den Glauben wächst Einheit.« Diesen seinen Leitsatz – »Glaube ist keine Verhandlungssache« – stellte Benedikt allem Gerede und Getue des Zeitgeistes entgegen. Das war Martin Luther in reinster Form: »Hier stehe ich, ich kann nicht anders, Gott helfe mir. Amen.«

Heute wissen wir, dass die Rückkehr der Kirchen zu sich selbst die eigentliche Gemeinschaftsaufgabe von Katholiken und Evangelischen sein und von jeder Generation neu aufgenommen werden muss. Auch dazu verdanken wir Benedikt einen Gewinn an Nüchternheit, Klarheit und Ehrlichkeit.

Schon im Jahr 2000 schrieb Kardinal Ratzinger – nach der mit starkem Willen zum Missverständnis geführten Debatte über die vatikanische Erklärung *Dominus Jesus*, die sich an umstrittenen Äußerungen über das Kirchenverständnis der Reformation entzündete – in der *Frankfurter Allgemeinen Zeitung*: »Für Luther war Kirche da, wo das Wort Gottes Menschen versammelt und eint.« Kirche war dort gegeben, »wo das Wort recht verkündet und die Sakramente in rechter Weise gespendet werden«. Und weiter: »Luther selbst konnte unmöglich in den sich bildenden, den Fürsten unterstehenden Landeskirchen die Kirche sehen: Dies waren äußere Hilfskonstruktionen, die man brauchte, aber doch nicht die Kirche im geistlichen Sinn.«

Eigentlich dachte ich, dass man es auch evangelischerseits nicht besser ausdrücken könnte, stand aber dort mit meiner Meinung zunächst ziemlich allein da. Umso größer war meine Freude, als der bayerische evangelisch-lutherische Landesbischof Friedrich Kardinal Ratzinger ausdrücklich verteidigte, auch noch gegen besonders wütende Angriffe der »Deutschen Sektion der europäischen Gesellschaft für katholische Theologie«, was meine Genugtuung nochmals erhöhte.

Also, zum Schluss und alles in allem: Ich bin ein lutherischer Benedikt-Anhänger. Er ist der oberste Bischof der Christenheit. Meine bevorzugten Kirchenväter heißen Joseph Ratzinger und Martin Luther – dort bin ich zu Hause.

# HANNA-BARBARA GERL-FALKOVITZ

# Eindrucksvolle Begegnungen

Vor sechsunddreißig Jahren begann ich, während der Abfassung meiner philosophischen Habilitationsschrift in München als Bildungsreferentin auf Burg Rothenfels am Main zu arbeiten. Diese ursprünglich staufische Burg aus rotem Sandstein ragt hoch über dem Maintal auf, mitten im Spessart zwischen Würzburg und Aschaffenburg. In ihren schönen, bis heute unzerstörten Mauern hatte sich 1919 die katholische Jugendbewegung des Quickborn eine Heimstätte geschaffen. Ein großer Glanz liegt über den frühen Tagungen, vor allem der Zwanzigerjahre, in denen »die Burg« zur Gralsburg der Jugend wurde, die auf den Trümmern des Ersten Weltkriegs ein neues Europa aufbauen wollte, bis sie 1933 teilweise und mit der Enteignung 1939 endgültig von dort vertrieben wurde.

Glanz liegt auch über den frühen Namen, die die katholische Jugend aus dem Getto des Wilhelminischen Reiches in eine Kulturbewegung führten: Namen wie Hermann Platz, Theodor Abele, Heinrich Brüning, Heinrich Kahlefeld und mit ihm die Innsbrucker, Leipziger und Münchner Oratorianer, Felix Messerschmid, Eugen Jochum, Werner Becker, Rudolf Schwarz, Josef Pieper, Helene Helming, Gerta Krabbel, Isabella Rüttenauer, Ida Friederike Coudenhove-Görres ... Aber alle überstrahlte der Name Romano Guardini, der 1920 im Alter von bereits fünfunddreißig Jahren zum ersten Mal die Burg betrat – für ihn wie für die jungen Leute eine Schicksalsstunde. Wesentlich ihm war es zu

35

verdanken, dass die Romantik der Jugendbewegung in eine wirkliche Kulturbewegung umgestaltet wurde, dass die liturgische Bewegung aus ihrer monastischen Beheimatung in die Gebetshaltung der Laien überging, dass die Kirche »in den Seelen erwachte«.

1975, als ich die Bildungsarbeit der Burg übernahm, waren die Nachwehen der 68er-Generation in der Provinz noch heftig zu spüren – nicht zuletzt durch die räumliche Nähe zu Frankfurt. Es gab Gastgruppen, die zunächst das Kruzifix im Raum abhängten, bevor sie zu diskutieren begannen. Es gab eine Ostertagung Anfang der Siebzigerjahre mit dem Titel »Es ist nicht vollbracht.« Es gab ein Mitglied des Burgrates, das ausdrücklich für »Sozialismus und Christentum« eintrat und das Evangelium marxistisch las. Es gab liturgische »Experimente«, selbstverständlich bei manchen ohne priesterliche Kleidung, einmal auch mit Zigarettenpause nach dem Evangelium und dem folgenden kontroversen Auslegungsgespräch. Es gab einen Exegeten, der »mit dem Heiligen Geist nichts anfangen konnte«, wie er zu Beginn einer Pfingstpredigt sagte.

In dieser Atmosphäre, die sich übrigens auch auf Guardini berief, waren die »klassischen« Burgbesucher immer weniger geworden. Eigentlich handelte es sich bei solchen Auftritten auch um eine Art provinzieller »Nachhut« zu den Themen von '68. Im ideologisch gespaltenen Burgrat besonders »umkämpft« war die Gestaltung der Oster- und Pfingsttagungen, deren Besucher ebenfalls zahlenmäßig deutlich geschrumpft waren.

Vor diesem Hintergrund wurde die Pfingsttagung 1976 von einigen Burgräten programmatisch vorbereitet, um eine Wende einzuleiten. Ein wichtiger Mann, der damalige Vorsitzende des Freundeskreises der Burg, Friedrich Bayerl, schlug vor, den Regensburger Dogmatiker Joseph Ratzinger zu zwei Vorträgen einzuladen und gleichzeitig viele Münchner Quickborner zur Fahrt auf die Burg anzuregen, um ein aufgeschlossenes Auditorium zu haben. Ich muss gestehen, dass ich da-

◀ *Papst Benedikt XVI. während seines Aufenthaltes in der päpstlichen Sommerresidenz Castel Gandolfo am 17. Juli 2010.*

mals keine Werke von Joseph Ratzinger gelesen hatte, aber der Briefwechsel mit ihm gestaltete sich freundlich und erfolgreich.

Und damit komme ich zum ersten Treffen mit dem heutigen Papst, und es ist mehr als eine Anekdote. Die Anreise von Regensburg sollte mit der Bahn geschehen. Zur Ankunftszeit sandte ich einen »Zivi« zum drei Kilometer entfernt gelegenen Bahnhof. Es war ein heißer Pfingstsamstag, alles wunderbar blühend und alles in Erwartung. Binnen Kurzem kam der »Zivi« zurück: Es sei kein Professor wie beschrieben ausgestiegen. Es war etwa eine Stunde vor Beginn des ersten Vortrags, die Burg gefüllt mit Menschen – und der noch unerfahrenen Bildungsreferentin erschien ein Abgrund vor den Füßen. Ein Telefonat nach Regensburg blieb erfolglos; der Rittersaal begann sich schon zu füllen. Ruhelos wanderte ich zwischen Sekretariat, Burglinde, Innenhof und Außenhof umher.

Angekommen am inneren Burgtor nach etwa einer halben Stunde planlosen Umherlaufens und Nachdenkens, stand ich atemholend an der Hainbuchenhecke, die den Burgfelsen gegen den Abhang zum Städtchen abschirmt. Von dort führt eine Steintreppe jäh nach unten, die zu dem Zeitpunkt aber wegen Baufälligkeit geschlossen war. Plötzlich raschelte es in der Hecke, es schob sich eine Aktentasche durch, danach erschienen Arme und schließlich auch ein Kopf, im wirren Haar noch ein wenig Laub, und dann brach Professor Ratzinger durch die Hecke, außer Atem und recht erhitzt. Abgesehen von der Erleichterung wünschte ich mir in diesem Augenblick einen Fahrstuhl, um klaftertief im Erdboden zu verschwinden. Ich konnte aber nicht verschwinden, ich musste bleiben.

Das anschließende Gespräch habe ich nicht vergessen. Meine gestammelte Entschuldigung wurde freundlich angenommen; er sei eben den Weg zu Fuß gegangen und wegen der Sperrung der Treppe letztlich über den steilen Abhang unmittelbar aufgestiegen: *ascensio in montem sacrum*. Das war alles. Kein Vorwurf und kein Beleidigtsein. (Dies halte ich für bemerkenswert, weil ich vielfach andere Reaktionen bei geringeren Anlässen erlebt habe.)

Und bald danach begann der Vortrag, ruhig und gesammelt, meiner Erinnerung nach durchaus schwierig und für einige wohl auch zu hoch. Erinnerlich ist mir noch der Aufblick jeweils aus dem Manuskript in die hohen Rittersaalecken, wie in einer universitären Vorlesung. Am nächsten Morgen dann der zweite Vortrag mit einem langen, umfassenden, offenen Gespräch und dem anschließenden Rundgang durch die wichtigen Räume, auch die Kapelle, die bis heute erkennbar die Signatur des Architekten Rudolf Schwarz und Romano Guardinis trägt. Und dann ein freundlicher Abschied, ohne das Honorar anzunehmen. Im Rückblick: Wenn ich gewusst hätte ...

Es folgten noch mehr Begegnungen, dann schon mit dem Kardinal: zum 100. Geburtstag Romano Guardinis 1985 in der Katholischen Akademie in München, wo ich meine eben erschienene Biografie Guardinis vorstellen durfte; zur gemeinsamen Vorstellung des Buches »Salz der Erde« von Johannes Paul II. im Bayerischen Fernsehen, zusammen mit Dr. Heinz-Joachim Fischer (*Frankfurter Allgemeine Zeitung*), Martin Lohmann (*Rheinische Post*) und mir. Danach entspann sich noch ein kurzer Briefwechsel zum Thema Ida Friederike Görres, der zu Unrecht vergessenen und mit dem Tübinger Professor Ratzinger befreundeten bedeutenden Schriftstellerin, zu deren Werk-Edition mich der Kardinal ermutigte.

Und dann folgten die unerwarteten Begegnungen mit dem Papst: bei der Einweihung der großen Statue der heiligen Edith Stein in einer Außennische der Peterskirche 2006; bei einem Empfang der Guardini-Stiftung im Oktober 2010 in Rom, wo der Papst unerwartet auf mich zukam, um mich persönlich zu begrüßen; und zuletzt – eine unerwartete Ehre – im August 2011 bei den Gesprächen mit seinem Schülerkreis im Sommersitz Castel Gandolfo, wo ich mit Otto Neubauer aus Wien zur Neuevangelisierung sprechen sollte und meine Erfahrungen aus Dresden mit dem Blick auf ermutigende philosophische Entwicklungen verband: dass sich gerade in der Postmoderne viele Denker (wieder) des biblischen Thesaurus bedienten. Mein Thema *Athen und Jerusalem* war dem Papst als »Theoretiker der Vernunft« gewidmet.

Dabei traf man in schönem, aber einfachem Rahmen wieder den Professor, der, noch etwas müde und gebeugt vom Weltjugendtag in Madrid zurückgekehrt, doch wach den Vorträgen folgte und die sechzigköpfige Schülerschar lenkte, indem er humorvoll deren längere intellektuelle Ausflüge eindämmte und an das Thema zurückband, auch philologische und andere Spekulationen korrigierte. Es war eine heitere Stimmung der Freundschaft, aber auch unterlegt von der Atmosphäre eines universitären Seminars, wenn der Heilige Vater seine »Schüler« zu Stellungnahmen ermunterte oder Einwände erhob. Eindrucksvoll war vor allem – wie schon mehrfach erlebt – die spürbare Einfachheit seines Auftretens. Es gab keinen »Hofstaat« und man durfte sich in den vorgesehenen Räumen frei bewegen und den wundervollen Ausblick über den Albanersee und die bewässerten Gärten auf das im Dunst verschwimmende Rom erleben.

Am Sonntagmittag fand das klassische Angelusgebet mit einer kurzen Ansprache des Papstes statt. Schon eine Stunde vorher war der Innenhof von Castel Gandolfo gesteckt voll mit Pilgern. Die Begeisterung war schon wie eine Welle spürbar, lange bevor der Papst erschien und dann mit einiger Mühe Ruhe herstellte. Man merkte, wie unbefangen und mit welch großer Freude er begrüßt wurde, und dachte beschämt an die mitteleuropäischen Medien, die eine Meisterschaft im Kleinreden gerade auch der großen und unübersehbaren Erfolge, etwa beim Weltjugendtag, entwickelten.

Wenn man mittlerweile den eindrucksvollen und souveränen Auftritt des Papstes in Deutschland im September 2011 verfolgt hat und ihm kurz zuvor persönlich begegnen konnte, fragt man sich, warum nicht wenige Medien sein Bild verzeichnen (wollen). Seine unübersehbare stille Ausstrahlung, seine Tiefe und Klugheit erreichen jedenfalls Menschen mit offenen Augen.

Noch ein Intermezzo. Am Sonntag während des Treffens mit dem Schülerkreis waren mein Mann, Hans-Bernhard Wuermeling, und ich zum Frühstück mit dem Papst eingeladen. Wir saßen mit ihm zu fünft an einem Tisch. Die Unterhaltung drehte sich naturgemäß um theologische Fragen. Mein Mann kann nun Folgendes erzählen:

»Zu der theologischen Unterhaltung konnte ich als Naturwissenschaftler und Mediziner trotz der lockeren Atmosphäre nichts beitragen. Doch wollte ich auch nicht stumm an der Frühstückstafel dabeisitzen. So stand ich denn auf, zog aus dem prachtvollen Blumenbukett eine weiße Rose heraus und stellte mich an die Seite des Papstes. Meine Frau befürchtete Schlimmes, aber ich fragte den Heiligen Vater, ob er zwischendurch eine kleine Lektion in Botanik anhören wolle. Er stimmte erstaunt zu, und ich zeigte ihm die Kelchblätter der Rose, fünf an der Zahl, und wies ihn darauf hin, dass abwechselnd immer ein Kelchblatt gefiedert und eines glattrandig sei. Wie aber verhält es sich mit dem fünften Blatt? Erstaunlicherweise – und einer höheren Ordnung wegen – ist es einseitig glatt und einseitig gefiedert, sodass sich Glätte und Fiederung der Kelchblätter jeweils abwechseln. Auf diese Weise, so erklärte ich dem Papst, mache die Natur Kompromisse. Erst später erfuhr ich, dass das Wissen um diese Eigenart der Rose, die sich bis in die heutigen hochgezüchteten Arten bewahrt hat, schon vor Jahrhunderten bekannt war. Denn Albertus Magnus im 13. Jahrhundert wird ein lateinisches Rätselgedicht zugeschrieben, das sich darauf bezieht:

*Quinque sunt fratres.* »Fünf Brüder gibt es,
*Duo sunt barbati,* zwei sind bärtig,
*duo sine barba nati.* zwei ohne Bart geboren.
*Unus e quinque* Einer von den fünfen
*non habet barbam utrinque.* ist einseitig bartlos.«

Sollte der Papst die theologischen Bemerkungen vergessen haben, wird ihm vielleicht diese botanische Belehrung unvergessen bleiben.«

Wenn ich diese Begegnungen mit der ersten in Rothenfels verbinde, dann bleibt ein Gemeinsames: das Leise, zutiefst Freundliche, Gesammelte. Bei den letzten Eindrücken herrschte noch mehr vor: das Demütige. Und diese Haltung ist für einen Papst wohl das Erstaunlichste.

Vielleicht wirkt es eigenartig, diesen Eindruck ausgerechnet mit Goethe zu unterstreichen: »Die größten Menschen, die ich gekannt habe und die Himmel und Erde vor ihrem Blick frei hatten, waren demütig und wussten, was sie stufenweis zu schätzen hatten.«[1] »Stufenweis« soll wohl heißen, eine Hierarchie der Güter zu kennen, ein Unterscheidungsvermögen für das Wichtige im Vielerlei entwickelt zu haben.

Und nochmals anders intoniert: »Alle körperlich wie geistig naturkräftig ausgestatteten Menschen sind in der Regel bescheiden.«[2]

Solcher Urteile bedarf der Papst nicht, aber es ist bemerkenswert, wie dieser unmittelbare Eindruck des Zurückhaltend-Demütigen häufig übersehen, vielleicht sogar unbesonnen oder absichtlich umgedreht wird. Diese Anspielung gilt den wohl dümmsten Zuschreibungen, die medial erfolgt sind, vom »Panzerkardinal« bis zum »Rottweiler Gottes« (eigentlich sträubt man sich, diesen Unsinn zu wiederholen). Solche Verkennungen sind eine erneute Bestätigung für Dummheit, die böse ist, oder Bosheit, die dumm ist (oder auch nur verzweifelt). Sie sind aber auch ein Anzeichen für eine Witterung, die an diesem Mann und seinem Amt etwas Unbesiegbares ahnt und daher zutreten will, mit dem Instinkt für das Verzerren und Missverstehenwollen, das dennoch und deswegen wehtut.

Freilich stehen der Mann und sein Amt damit in einer großen Nachbarschaft. Sie deutet sich jedesmal an, wenn Zustimmung und Widerspruch aufeinandertreffen. Hans Urs von Balthasar schrieb mit beeindruckender Schärfe über den ersten Papst: »Petrus muss ja auch recht lächerlich ausgesehen haben, als er mit den Füßen nach oben gekreuzigt war; es war einfach ein guter Witz (...), und wie der eigene Saft ihm beständig in die Nase tropfte. (...) Es ist sehr gut, dass hier spiegelverkehrt gekreuzigt wird; das gibt zu keinen Verwechslungen Anlass, und trotzdem entsteht ein erinnerndes Spiegelbild des Einmaligen, Reinen, Aufrechten in den trüben Gewässern des Christlich-Allzuchristlichen. Es wird Buße getan für unvordenkliche Schuld, so lange aufgestapelt, bis das System umkippte.«[3]

Und Balthasar spricht den ungeheuren Gedanken aus, dass das Amt in der Kirche, seit seinem ersten Vertreter, mit dem stellvertretenden

Austragen von Schuld zu tun hat. »Wehe, wenn es den Punkt nicht mehr gibt, wo unser aller Sünde sich zur Schaubarkeit sammelt, so wie das im Organismus kreisende Gift sich an einer Stelle konzentriert und ausbricht als Abszess. Und deshalb selig das Amt – ob es nun Papst oder Bischöfe sind oder einfache Priester, die standhalten, oder wer sonst sich betreffen lässt, wenn ›die Kirche sollte‹ gesagt wird –, das sich hergibt zu dieser Funktion, Herd der Krankheit zu sein.«[4]

Wem diese Aussagen zu bitter sind: Daneben stehen die Früchte dieser Bitterkeit. Sie entstammen dem unaufhörlichen Jakobskampf, ohne den das alte und neue Israel nicht zu denken sind. Dieses Ineinander von Herausforderung und Segen, von Widerstand und Sieg, von Nacht und schließlichem Sonnenaufgang ist eine Botschaft vom Wesen Gottes und vom Wesen des Erwählten. Gottes Macht kommt nicht zerbrechend. Sie fordert ein Äußerstes an Kraft, ein *optimum virtutis*, aber sie überwältigt nicht. In der Gestalt des Widerstandes will sie sogar als Liebe erfasst werden. Was als Widerstand und scheinbare Gegenmacht kommt, wird – wenn der gute Kampf gekämpft ist – zum Segen. Und so ist an der leisen und verwundbaren Gestalt des Papstes etwas Stählernes und Unerreichbares. Gerade seine vorab als Misserfolg gestempelten Auslandsreisen, etwa nach England, aber auch ins schwierige Deutschland, sind in beachtliche Siege umgeschlagen. Eine italienische Rocksängerin fand ihn kürzlich »cool«. Das ist zwar ein unscharfes Modewort, trifft aber doch in die rechte Kerbe.

Es sei verziehen, dass zum dritten Mal Goethe zitiert wird: nicht um einer oberflächlichen Gemeinsamkeit willen, die es nicht geben kann, aber doch um einer Tiefenschicht willen, die sich an diesen beiden Deutschen vergleichen lässt. Das Zitat stammt aus dem großen geologischen Aufsatz Goethes über die Granitfelsen, mit welchem Bild – wie ich meine – auch etwas Symbolisches über die Wesensart Joseph Ratzingers getroffen ist: »So einsam, sage ich, wird es dem Menschen zumute, der nur den ältesten, ersten, tiefsten Gefühlen der Wahrheit seine Seele eröffnen will.«[5]

So soll der letzte Gedanke der Wahrheit gelten, die über diesem Pontifikat steht. Wann zuletzt ist so unerbittlich und doch werbend der Anspruch der Vernunft von einem Papst verteidigt worden? Zugleich die Vernunfthaltigkeit des Glaubens und die seit der griechischen Antike schon bestehende Ökumene der Vernunft, die Philosophien und Theologien und Wissenschaften zusammenschließen kann? Das päpstliche Hohelied des Logos dringt genau in den »Vorhof der Heiden« ein und hat ein Gespräch angeregt, das aus der Stagnation der postmodernen Sinnleere herausführt.

Jerusalem *hat* mit Athen zu tun – gegenüber allen Verdikten, sei es einer sektiererischen Orthodoxie auf der einen oder einer sektiererischen Wissenschaft auf der anderen Seite. »Man kann kein Seil spannen, wenn man es nur an einer Seite befestigt«, so der DDR-Dramaturg Heiner Müller im Blick auf das (scheinbar verlorene) Jenseits.[6] Damit erwacht mit Joseph Ratzinger die Patristik zu neuem, unerwartetem Leben, die dem Logos die Unterscheidung der Geister verdankt, um in das junge Christentum die Weisheit der alten Welt einzupflanzen. So wird nicht nur die Antike und die Frühzeit der Kirche in die neue Zeit »gerettet«, es wird auch die Gegenwart gerettet aus ihrem selbstwidersprüchlichen Schulterzucken über Wahrheit. Es gibt eine Frömmigkeit des Denkens, die zugleich Bekehrung zur Wirklichkeit ist.

Dieses Vermögen zur Klärung des Unübersichtlichen, Umstrittenen im Glauben an die Möglichkeit von Wahrheit ist schon früh angelegt und früh sichtbar geworden. Noch einmal zu Ida Friederike Görres, der Unbestechlichen. In einem Brief vom Sommer 1968 schrieb sie von dem »Kirchenkummer«, der angesichts des raschen Zusammenbruchs eines gewissen Provinzkatholizismus infolge der 68er-Propaganda landauf landab zu beobachten sei. Aber, fügt sie hinzu, *ecce, unus propheta in Israel* – sie habe von einem ihr unbekannten Theologen in Tübingen gehört, einem jungen Professor Ratzinger als einem Gegengewicht.[7]

*Ecce, unus propheta in Israel.* Mit diesen wenigen Skizzen soll dafür großer, aufrichtiger Dank ausgesprochen sein.

# Anmerkungen

1   Johann Wolfgang von Goethe, Sämtliche Werke in 18 Bänden, Artemis-Gedenkausgabe, Zürich 1949, 18, S. 515.
2   Ebd., 8, S. 147.
3   Hans Urs von Balthasar, *Klarstellungen. Zur Prüfung der Geister*, Freiburg 1971, S. 9.
4   Ebd., S. 98f.
5   Johann Wolfgang von Goethe, *Über den Granit*.
6   In: *Lettre International* 24 (1994).
7   Brief im Privatarchiv Gerl-Falkovitz.

# HUBERT GINDERT

# Papst Benedikt XVI.
## Steuermann der Kirche in schwieriger Zeit

Am 16. April 2012 feiert unser Heiliger Vater seinen 85. Geburtstag. Als Katholik betrachte ich es als eine große Ehre, Papst Benedikt XVI. in dieser Schrift meine persönliche Verehrung, Zuneigung und Bewunderung ausdrücken zu können.

Wer möchte nicht gerne mit den Großen dieser Welt ein Gespräch führen, zum Beispiel den Präsidenten der USA oder Russlands, mit Nobelpreisträgern, mit Mutter Teresa, würde sie denn noch leben, vor allem mit dem, der sich der »Diener der Diener Gottes« und Pontifex nennt, nämlich mit Papst Benedikt XVI.? Denn der Papst ist trotz seiner Bescheidenheit das Oberhaupt von 1,2 Milliarden Katholiken, der weltweit anerkannte Sprecher der Christenheit, einer der größten Theologen und Denker.

Ein persönliches Zusammentreffen mit den Großen dieser Zeit ist schon deswegen ein besonderes Ereignis, weil Kommunikation heute meist distanziert und unpersönlich abläuft. SMS, E-Mails, Internet stehen heute für das, was einmal das Gespräch oder auch handgeschriebene Briefe waren.

Natürlich erfahren wir heute vieles über interessante Persönlichkei-

◄  *Papst Benedikt XVI. küsst ein kleines Mädchen nach der Messe am 19. März 2009 im Amadou Ahidjo Stadion in Yaounde/Kamerun.*

ten durch Fernsehübertragungen, Zeitungen und Bücher, die diese Personen geschrieben haben. Es bleiben aber nur Annäherungen an eine Person. Sie können das persönliche Gegenüber nicht ersetzen, was zum Beispiel dazu geführt hat, dass aus dem kirchenkritischen Journalisten Peter Seewald ein begeisterter Anhänger des Papstes geworden ist, als er Gelegenheit bekam, Benedikt XVI. persönlich kennenzulernen.

1,2 Milliarden Katholiken können nicht, auch wenn sie das möchten, Papst Benedikt persönlich kennenlernen, ihm die Hand schütteln und ein paar Worte mit ihm wechseln. Immerhin: Millionen Menschen sehen den Papst auf seinen Pastoralreisen oder bei den großen Audienzen auf dem Petersplatz mit ihren eigenen Augen, hören seine Katechesen und erleben seine Zuwendung.

Wer das Geschenk bekam, Joseph Ratzinger persönlich zu begegnen, wird das zu den kostbaren Erinnerungen seines Lebens zählen. Mit einigen meiner Freunde vom »Forum Deutscher Katholiken« hatte ich mehrere Male dieses Glück. Auch das ist ein Grund, dem Heiligen Vater zu seinem 85. Geburtstag dafür ein herzliches »Vergelt's Gott!« zu sagen.

Am 30. September 2000 haben wir in Fulda das »Forum Deutscher Katholiken« gegründet. Vorausgegangen war, einige Monate zuvor, ein Gespräch mit dem unvergessenen Erzbischof Johannes Dyba. Die Gründer des »Forums Deutscher Katholiken« waren sich darüber klar geworden, dass die weitere Mitarbeit in den Laiengremien, im Diözesanrat, Zentralkomitee der Deutschen Katholiken (ZDK) und in den meisten traditionellen katholischen Verbänden die überfällig gewordene Neuevangelisierung nicht voranbringt. Wir wollten einen anderen Weg gehen und Katholiken, die zur Kirche stehen, sammeln, im Glauben bestärken und sie zu Schritten der Neuevangelisierung motivieren: Mission statt Kommission! Der neue Weltkatechismus (KKK) sollte das Fundament, die Kongresse »Freude am Glauben« sollten Instrumente für dieses Vorhaben sein.

Der erste Kongress »Freude am Glauben« 2001 in Fulda war trotz des Gegenwindes aus den Medien ein Erfolg. Nahezu tausend Katholiken nahmen an dieser Auftaktveranstaltung teil. Von Rom war Kardinal Paul Augustin Mayer OSB gekommen, von München Kardinal Leo Scheffczyk. Damit hatte der Kongress eine wichtige Legitimation erfahren. Durch die Vermittlung der beiden Kardinäle war es möglich, für das Jahr 2002 den Präfekten der Glaubenskongregation, Joseph Kardinal Ratzinger, für den Abschlussgottesdienst zu gewinnen. Am Vorabend hatten wir eine Zusammenkunft mit Kardinal Ratzinger, zu der sich die Referenten und bekannte Persönlichkeiten aus dem katholischen Deutschland einfanden. Der eigentliche Star war der Präfekt der Glaubenskongregation. Er kannte wie kein anderer die Situation und den Zustand der deutschen Ortskirche. Wer zwischen den Zeilen lesen konnte, bekam damals mit, dass der Kardinal wenig von den aufgeblasenen Strukturen und Großorganisationen erwartete, aber alles von einer inneren Erneuerung. Das häufig gebrauchte Wort »Geist« ließ erkennen, worauf es ihm ankam. Hoffentlich bleibt der Kardinal der Kirche noch lange erhalten, war der nicht ausgesprochene Wunsch der Teilnehmer an diesem Empfang.

Einige vom Führungsteam des »Forums Deutscher Katholiken« konnten Kardinal Ratzinger auch in seinem römischen Büro erleben: die schlichte Ausstattung, den konzentrierten Arbeitsstil, das unbeschwerte Überwechseln aus dem Unterhaltungston in gepflegtem Bayerisch in die Sprachen seiner Mitarbeiter und Besucher aus aller Welt, seine unkomplizierte Herzlichkeit und ungekünstelte Zuwendung, kurz einen Menschen, der mit dem Medienpopanz nicht das Geringste zu tun hatte.

In der Vorbereitung auf den Kongress, der 2005 in Regensburg stattfinden sollte, fassten wir noch einmal den Mut, den Kardinal einzuladen. Wir hatten erfahren, dass er 2004 seinen Urlaub wie in den anderen Jahren bei seinem Bruder in Regensburg verbringen würde. Es kam zu einem Gespräch in seinem Haus in Pentling mit der Zusage, auf dem Kongress 2005 ein Referat und den Abschlussgottesdienst zu übernehmen. Das ausgedruckte Kongressprogramm 2005 weist noch dieses Gesprächsresultat aus. Es kam aber ganz anders.

Als die Glocken der römischen Kirchen am 2. April 2005 den Tod von Papst Johannes Paul II. einläuteten, füllte sich der Platz von St. Peter in kurzer Zeit. Das Urteil der Katholiken über diesen Papst drückte sich in zwei Worten aus, die sich dann auf einem Meer von Transparenten wiederfanden: *Santo subito!* Die Heiligsprechung durch das Volk wurde auch durch Worte nicht überboten, die aus dem heutigen Vokabular weitgehend gestrichen sind, wenn zum Beispiel Kardinal Ratzinger unter anderem von einem »Giganten« und der amerikanische Präsident Bush von einem »Helden« sprachen.

Das großartige Werk Papst Johannes Pauls II., das die Welt veränderte (Fall der Berliner Mauer) und der Kirche neue Kraft und Ausstrahlung gab, wäre ohne einen Mitarbeiter kaum möglich geworden, der selbst nie den Ehrgeiz hatte, im Rampenlicht zu stehen: Joseph Kardinal Ratzinger. Als Johannes Paul II. zum Nachfolger des heiligen Petrus gewählt wurde, erkannte er, dass die Hälfte der katholischen Welt, nämlich Lateinamerika, in Gefahr war, abzudriften. Die innere Aushöhlung durch die sogenannte »Theologie der Befreiung« war zu einer tödlichen Bedrohung der kirchlichen Einheit geworden. Auf leisen ideologischen Sohlen hatte sich der Marxismus als die »Option für die Armen« in die Kirche von Lateinamerika eingeschlichen. Kardinal Ratzinger hat diese gefährliche Ideologie entlarvt und entzaubert. Eine Großtat, die ihm die Marxisten nicht vergessen haben.

Das Erbe von Johannes Paul II. fasste Papst Benedikt XVI. am 20. April 2005 in die Worte zusammen: »Er hinterlässt eine mutigere, freiere und jüngere Kirche. Eine Kirche, die nach seiner Lehre und nach seinem Beispiel gelassen auf die Vergangenheit blickt und keine Angst vor der Zukunft hat.«[1]

Mit Johannes Paul II. ging eine Epoche der Kirchengeschichte zu Ende. Eine neue zeichnete sich schon ab.

Der Dekan des Kardinalskollegiums bereitete die Wahl des neuen Papstes vor. Kardinal Ratzinger tat dies mit der gewohnten Akribie. Er, der vorhatte, sich endlich zur Ruhe zu setzen, um sich der Theologie zu widmen und zu schreiben, was aber nicht möglich gewesen war, weil ihn Johannes Paul II. immer erneut gebeten hatte, seinen Dienst weiterzutun, wurde von Gott noch einmal in die Pflicht genommen. Was das bedeutet, hat der neue Papst Benedikt XVI. gewusst. Er war lange genug engster Mitarbeiter von Johannes Paul II. gewesen.

In der Predigt vor den Kardinälen am 18. April 2005, unmittelbar vor der Papstwahl, sprach er das zentrale Problem unserer Zeit an. In ihr steckt der Widerspruch der Welt gegen den Plan Gottes. Kardinal Ratzinger sagte damals: »Einen klaren Glauben nach dem Credo der Kirche zu haben, wird oft als Fundamentalismus abgestempelt, wohingegen der Relativismus, das sich ›vom Windstoß irgendeiner Lehrmeinung Hin-und-hertreiben-Lassen‹, als die heutzutage einzige zeitgemäße Haltung erscheint. Es entsteht eine Diktatur des Relativismus, die nichts als endgültig anerkennt und als letztes Maß nur das eigene Ich und seine Gelüste gelten lässt.«[2] Kardinal Ratzinger nahm gewissermaßen die Aufgabe vorweg, die schon vor ihm stand, als er sagte: »Wir müssen von einer heiligen Unruhe beseelt sein: der Unruhe, allen das Geschenk des Glaubens, die Freundschaft mit Christus zu bringen.«[3]

Als nach einem der kürzesten Konklave der Papstgeschichte von der Loggia des Petersdoms die Worte erklangen *Habemus Papam* und der Name Joseph Ratzinger genannt wurde, da brandete ein ungeheurer Jubel aus der wartenden Menge auf. Gestandenen Männern liefen Tränen über die Wangen.

Der neue Papst hatte schon als Kardinal den raschen Wechsel vom »Hosianna« zum »Crucifige« kennengelernt, dem jeder, aber in besonderer Weise ein Papst in der Nachfolge Christi ausgeliefert ist. Im Beinamen »Panzerkardinal«, den die Medien Kardinal Ratzinger angeheftet hatten, war zusammengefasst, was die Welt an Dummheit, Bosheit und Verleumdung aufzubieten hat. Auch das war Kardinal Ratzinger im Konklave wohl bewusst gewesen.

Als Karol Wojtyla 1978 zum Papst gewählt wurde, hatte auch er die Medien gegen sich. Eugenio Scalfari schrieb, Paul VI., dem vielschichtigen und vermittelnden Papst, stehe der granitene polnische Papst gegenüber, der in klerikalen vorkonziliaren Vorbildern wie in einem Fels stecke.[4] Das Bild von Johannes Paul II. in der veröffentlichten Meinung änderte sich nach dem Attentat vom 13. Mai 1981, als sich der Papst trotz seiner körperlichen Behinderung für die Menschen verzehrte. Das nötigte sogar seinen Gegnern Respekt ab.

Als Joseph Ratzinger zum Papst gewählt wurde, standen seine Gegner innerhalb und außerhalb der Kirche zunächst in einer Schockstarre. Sie dauerte bis zur Regensburger Rede über »Glaube, Vernunft und Universität« am 12. September 2006. Als daraufhin muslimische Kreise ein Papstzitat dieser Rede völlig falsch interpretierten, wagten sich die alten Gegner aus der Deckung. Das »Wir sind Papst« wurde wieder mit alten Überschriften überklebt. Anlässe dafür ließen sich bald finden. Ich erinnere beispielsweise

- an die Aufhebung der Exkommunikation der vier Bischöfe der Priesterbruderschaft St. Pius X., einer davon war der Holocaust-Leugner Williamson. Dies versuchte sogar Bundeskanzlerin Angela Merkel zu nutzen, um auf der antipäpstlichen Welle mitzuschwimmen, was selbst bei ihren Parteifreunden zu empörten Gegenreaktionen führte. Der Satz »Betrübt hat mich, dass auch Katholiken, die es eigentlich besser wissen konnten, mit sprungbereiter Feindseligkeit auf mich einschlagen zu müssen glaubten« aus dem Brief an die Bischöfe vom 10. März 2009 zeigt, dass der Papst darüber tief getroffen war;
- an Aussagen von Papst Benedikt XVI. zur Benutzung von Kondomen als Schutz vor Aids auf seinem Flug vom 17. März 2009 nach Afrika, die bewusst verfälscht wurden;
- an die Sexualskandale, zuerst in den USA, danach in Irland und Deutschland, als Medien versuchten, dem Papst eine Mitschuld anzulasten.

Aber Papst Benedikt XVI. bleibt nicht ohne Trost. Hunderttausende wollen ihm auf seinen Pastoralreisen begegnen. Sie wollen ihn bei den

Mittwochskatechesen auf dem Petersplatz hören – es sind mehr als zu den Zeiten des wortgewaltigen Johannes Paul II. – oder auf den Pastoralreisen in Deutschland oder im afrikanischen Benin, vor allem auf den Weltjugendtagen, wo dem Papst der Jubel der Zukunft der Kirche entgegenschlägt. Dieser Papst wird auch geliebt!

Die ersten Worte des neu gewählten Papstes an die Menschen auf dem Petersplatz waren: »(...) nach dem großen Papst Johannes Paul II. haben die Herren Kardinäle mich gewählt, einen einfachen und bescheidenen Arbeiter im Weinberg des Herrn. Mich tröstet die Tatsache, dass der Herr auch mit ungenügenden Werkzeugen zu arbeiten und wirken weiß.«[5]

Papst Benedikt XVI. sah sich in seiner Bescheidenheit auf den Schultern seines Vorgängers stehen. Inzwischen ist er, in seiner Art, ebenfalls ein Gigant geworden, mit einem Arbeitspensum, das ihm die meisten angesichts seiner fragilen Gesundheit nicht zugetraut hätten. Benedikt XVI. setzt das Werk seines Vorgängers fort, aber mit neuen, eigenen Akzenten, zum Beispiel auf den Weltjugendtagen, bei seinen Pastoralreisen, seinen ökumenischen Initiativen und bei interreligiösen Kontakten.

Spontan sagte er nach der Papstwahl Kardinal Meisner zu, zum Weltjugendtag nach Köln zu kommen. Inzwischen sind die Weltjugendtage in Sydney und Madrid hinzugekommen. Die Weltjugendtage haben ihre Bedeutung und Attraktivität für die Jugend nicht verloren. Im Gegenteil: Die Jugend weiß, dass ihr Benedikt XVI. etwas zu sagen hat, das sie sonst nirgendwo erfahren kann.

Papst Benedikt XVI. setzt auch fort, was ein Markenzeichen des Pontifikats Johannes Pauls II. war, nämlich die Pastoralreisen außerhalb Italiens. Darunter waren schwierige Missionen, zum Beispiel nach Israel, nach Auschwitz oder nach Konstantinopel, auch in Länder, in denen dem Papst der frostige Wind der veröffentlichten Meinung entgegenschlug, noch bevor er die Gangway des Flugzeugs herabstieg, wie in Großbritannien oder Deutschland. Merkwürdig bleibt, dass die Menschen in viel größerer Zahl den Papst sehen und hören wollten, als das zum Beispiel verängstigte Kirchenfunktionäre in Deutschland zu hoffen wagten oder Medienleute das prognostiziert hatten.

Papst Benedikt XVI. ließ sich von den Großveranstaltungen und der Organisationsregie nicht dazu verleiten, unverbindliche, pathetische Sonntagsreden zu halten. Er blieb bei seinen Aussagen, die den Kern seines Reformprogramms deutlich werden ließen, und zwar vor jedem Publikum: Verinnerlichung der Botschaft Christi, Rückkehr zum Wesentlichen und bleibend Gültigen. Die Parlamentarier im Deutschen Bundestag erinnerte er an die »unaufgebbaren Grundlagen des freiheitlichen Rechtsstaates«[6], die Protestanten in Erfurt daran, dass »die grundlegende Einheit darin besteht, dass wir an Gott, den Allmächtigen, den Vater, den Schöpfer des Himmels und der Erde glauben, dass wir den Dreifaltigen bekennen – Vater, Sohn und Heiligen Geist«[7].

Der Staatsbesuch in Deutschland galt vor allem den Katholiken. Und Papst Benedikt XVI. sprach das aus, was sich Katholiken schon lange von ihren Bischöfen erwartet hatten. Bei den Vertretern des Zentralkomitees der Deutschen Katholiken (ZDK) nahm er den strukturellen Irrglauben ins Visier: »In Deutschland ist die Kirche bestens organisiert. Aber steht hinter den Strukturen auch die entsprechende geistige Kraft – Kraft des Glaubens an einen lebendigen Gott? Ehrlicherweise müssen wir doch sagen, dass es bei uns einen Überhang an Strukturen gegenüber dem Geist gibt. Ich füge hinzu: Die eigentliche Krise der Kirche in der westlichen Welt ist eine Krise des Glaubens.«[8]

In der Predigt während der Eucharistiefeier auf dem Flughafengelände in Freiburg sprach der Papst eine religiöse Routine an, in der »Gott nicht mehr beunruhigt«, weil sich »das Herz von der Liebe Christi nicht mehr treffen lässt«[9]. In Freiburg kam es auch zu einer Begegnung mit engagierten Katholiken aus Kirche und Gesellschaft. Hier ging es Papst Benedikt XVI. um die »wahre Entweltlichung der Kirche«, die verstärkt ihr »Offensein für die Anliegen der Welt«[10] zeigen kann.

Was Benedikt XVI. in besonderer Weise umtreibt, ist die Glaubenskrise der westlichen Welt. Vor der Vollversammlung des Päpstlichen

Laienrates in Rom Ende November 2011 hat der Papst die Frage nach Gott als die zentrale Frage heute mit den Worten angesprochen: »Wir dürfen nie aufhören, uns diese Frage zu stellen, das Wiederanfangen mit Gott, um dem Menschen die Gesamtheit seiner Dimensionen, seine volle Würde zu geben. In der Tat hat sich in unserer Zeit eine Mentalität ausgebreitet, die jeden Bezug zur Transzendenz zurückweist. Diese Denkweise ist unfähig, das Humanum zu verstehen und zu bewahren. Die Ausbreitung dieser Mentalität hat die Krise hervorgebracht, in der wir leben. Es ist eine Krise der Werte, die der wirtschaftlichen und sozialen Krise vorausgeht. Der Mensch, der nur in einer positivistischen Denkweise, im Kalkulierbaren und Messbaren leben will, erstickt am Ende. In diesem Umfeld ist die Frage nach Gott, in einem gewissen Sinne, die Frage aller Fragen. Sie bringt uns zu den fundamentalen Fragen des Menschen, zur Sehnsucht nach Wahrheit, nach Glück und Freiheit, die in ihn hineingelegt sind und Wirklichkeit werden wollen. Der Mensch, der in sich selbst die Frage nach Gott weckt, öffnet sich der Hoffnung, einer Hoffnung, der man vertrauen kann und die der Mühe wert ist, den mühsamen Weg auf Gott hin auf sich zu nehmen.«[11]

Der Papst ist Hirte, aber auch Lehrer der weltumspannenden katholischen Kirche. So lässt er in den Mittwochskatechesen der Generalaudienzen auf dem Petersplatz die großen Gestalten der Kirchengeschichte vorbeiziehen. Es sind die Heiligen, Vorbilder für die Gläubigen. Er spricht anhand der Psalmen über das Beten des alten Israel und kommt dann auf die innige Beziehung Jesu zu seinem Vater, wie sie sich in seinem Beten, besonders vor wichtigen Entscheidungen, ausdrückt.

Es muss wiederholt werden: Benedikt XVI. geht es um das Wesentliche des christlichen Glaubens. Könnte man das deutlicher darlegen als durch die ersten beiden Enzykliken »*Deus Caritas est* – Gott ist die Liebe« und »*Spe Salvi* – Über die christliche Hoffnung«?

Dieser Papst geht seinen Weg auf Gott hin ausgerichtet, den Menschen, die an seinem Weg stehen, zugewandt und von unserem Gebet und unserer Liebe begleitet. Dafür verdient er unsere Bewunderung und Zuneigung!

# Anmerkungen

1  Erste Botschaft Seiner Heiligkeit Papst Benedikt XVI. an die Kardinäle, 20. April 2005, zit. in: *Verlautbarungen des Apostolischen Stuhls*, DBK, Nr. 168.

2  Predigt von Joseph Kardinal Ratzinger, Dekan des Kardinalskollegiums, 18. April 2005, zit. in: *Verlautbarungen des Apostolischen Stuhls*, DBK, Nr. 168.

3  Ebd.

4  Vgl. Eugenio Scalfari, zit. Giulia Galeotti in: *Actualidad de lo inactual*, L'Osservatore Romano, Nr. 47, 20. November 2011, span. Ausgabe.

5  Apostolischer Segen Urbi et Orbi von Papst Benedikt XVI., 19. April 2005, zit. in: *Verlautbarungen des Apostolischen Stuhls*, DBK, Nr. 168, S. 18.

6  Ansprache Seiner Heiligkeit Papst Benedikt XVI. beim Besuch des Deutschen Bundestages im Berliner Reichstagsgebäude, 22. September 2011.

7  Ansprache Seiner Heiligkeit Papst Benedikt XVI. beim ökumenischen Gottesdienst in der Kirche des Augustinerklosters in Erfurt, 23. September 2011.

8  Begegnung Seiner Heiligkeit Papst Benedikt XVI. mit dem Rat des Zentralkomitees der deutschen Katholiken (ZDK) im Hörsaal des Priesterseminars in Freiburg, 24. September 2011.

9  Predigt Seiner Heiligkeit Papst Benedikt XVI. bei der Eucharistiefeier auf dem Flughafengelände von Freiburg, 25. September 2011.

10  Ansprache Seiner Heiligkeit Papst Benedikt XVI. an engagierte Katholiken aus Kirche und Gesellschaft, Konzerthaus in Freiburg, 25. September 2011.

11  Ansprache von Papst Benedikt XVI. an die Teilnehmer der Vollversammlung des Päpstlichen Rats für die Laien, 25. November 2011.

# LUDWIG GÜTTLER

# Begegnung

Hochverehrter Heiliger Vater,

zu Ihrem 85. Geburtstag will ich Ihnen als Gratulation und Zeichen meiner Wertschätzung einen Beitrag zum »Magnificat« widmen, da mir bekannt ist, dass Sie die Musik sehr lieben und schätzen. Deswegen möchte ich Ihnen meine Sichtweise bezüglich der Begegnung in der Musik darlegen und die Entstehungsgeschichte und Entwicklung der Vertonungen des »Magnificat« beleuchten.

»Musik ist Gebet oder Tanz«, so Richard Wagner. Mannigfaltige Zeugnisse unserer abendländischen einzigartigen Musik belegen, dass sie beides zugleich sein kann. So ist das »Jauchzet, frohlocket«, der Eingangschor des Weihnachtsoratoriums von Johann Sebastian Bach, sicher beides.

Durch meine seit mehreren Jahrzehnten zunehmende Musikausübung wurde mir ein weiterer Wesenszug der Musik immer wichtiger, der der Begegnung.

Gemeint ist die Begegnung der Musiker untereinander. Die Begegnung findet jedoch auch zwischen uns als Interpreten und dem Werk, der Komposition eines schon längst verstorbenen Komponisten statt. Des Weiteren entsteht durch das Sich-Auseinandersetzen und Zusammenfügen der Botschaften zwischen den Musikern und den Zuhörenden ebenfalls eine einzigartige, auf Begegnung gründende Situation.

Die Definition, dass wir beim Musizieren durch das Arbeiten und Interpretieren die Gebenden sind, fasst nur die halbe Wahrheit. Wir sind auch Empfangende, denn durch die Chance, mithilfe der uns zur Verfügung stehenden Werke – indem wir diese respektieren, hoch schätzen und ihnen dienen – zu musizieren, schaffen wir eine neue Wirkmächtigkeit in einer weiteren Begegnung, die eben jene einbezieht, die zuhören, aufmerken, aufnehmen, teilhaben.

Diese Erfahrungen, die sich im Lauf der Jahre addiert, multipliziert und letztlich potenziert haben, waren Ausgangspunkt für meine Bemühungen, mithilfe der durch »Frau Musica« gegebenen Möglichkeiten beim Wiederaufbau der Dresdner Frauenkirche zu helfen. Mein Bestreben war, an jene eigene Welt der geistlichen Musik Wesentliches zurückzugeben, auch neue Möglichkeiten der Ansprache, der Verkündigung, der Überzeugung, der Befriedung und des Glücklichseins zu schaffen.

## Magnificat

Eine der für mich bedeutendsten und aufregendsten Begegnungen ist jene im Lukasevangelium beschriebene zwischen Maria und ihrer Base Elisabeth, der zukünftigen Mutter Johannes' des Täufers, die Maria als »Mutter meines Herrn« begrüßte. Maria antwortete mit der Lobpreisung *Magnificat anima mea Dominum* (»Meine Seele preist die Größe des Herrn«). Dieser Lobpreis Mariens ist der Anfang des Textes des *Canticum beatae Mariae virginis* (vgl. Lk 1,46–55), in dem die Größe, die Heiligkeit, die Macht, die Gerechtigkeit und Barmherzigkeit Gottes verkündet werden. Maria preist Gott im »Magnificat« mit diesen einzigartigen Worten. Es ist ein revolutionäres Aussprechen, Rühmen, ja Singen, das uns in unserer geistlichen Musik nun schon über viele Hunderte Jahre beschäftigt, zunächst einstimmig und später mehrstimmig.

◄ *Der Papst in der Alten Kapelle in Regensburg am 13. September 2006.*

Dieses »Magnificat«, das mich so sehr bewegt, ist schließlich neben der Messe und dem *Te Deum* eine jener wirklich groß zu nennenden kirchenmusikalischen Formen, die sich, wie wir wissen, bereits im Laufe des 15. Jahrhunderts zu den wesentlichen Bestandteilen der Liturgie entwickelten.

Es gibt – dies ist bezeichnend – so gut wie keinen bekannten Komponisten, der nicht eine Komposition des »Magnificat« hinterlassen hätte. Allein Giovanni Pierluigi da Palestrina hat 25 Vertonungen und Orlando di Lasso sogar über 100 komponiert. Die uns begegnende Gestalt dieser Kompositionen ist farbig und vielfältig. Es ist naheliegend, dass das erdachte Szenario, Kompositionen für eine Solostimme mit wenigen solistisch geführten Instrumenten, zunächst beibehalten wurde. Aber die Entwicklung führte zu gewaltigen doppel- und dreichörigen Vertonungen, die der Sprengkraft des Textes gerecht werden, so bei Giovanni Gabrieli, dem Lehrer von Heinrich Schütz, dem »Vater der deutschen Musik«, dem *lumen germaniae*. Seine beiden bekannten deutschen »Magnificat«-Vertonungen sind mit zwei gleichen vierstimmigen Chören beziehungsweise als Konzert für eine Solostimme, Instrumente und Basso continuo konzipiert. Während nach Schütz und Monteverdi im späten 17. und 18. Jahrhundert die konzertante Vertonung des »Magnificat« mehr einer instrumental-vokalen Kantate gleicht, wie wir sie bei Vivaldi, Fux, Buxtehude, Johann Sebastian und Philipp Emanuel Bach, Zelenka und Pergolesi finden, so stellen wir im 19. und 20. Jahrhundert ein deutliches Nachlassen der Zahl der »Magnificat«-Vertonungen fest. Und dies wird auch von namhaften Forschern, beispielsweise von Winfried Kirsch in »Die Musik in Geschichte und Gegenwart« festgestellt.

Aber trotz dieses nachlassenden Interesses war es mein Bemühen und auch das der »Gesellschaft zur Förderung des Wiederaufbaus der Frauenkirche Dresden e.V.«, die Kraft des im »Magnificat« Ausgedrückten zu nutzen. Aus diesem Grund hat der Komponist Siegfried Thiele nach längerer Beratung und Diskussion beschlossen, den 113. Psalm und die Verkündigung aus dem ersten Kapitel des Lukasevangeliums dem »Magnificat« voranzustellen und dies neu zu vertonen.

Dieser Text ist weniger bekannt, da ja die eigentliche Weihnachts-geschichte, so wie wir sie kennen, im zweiten Kapitel des Lukasevangeliums beginnt. Der dramatischen Verkündigung durch den Engel lässt Thiele dann einen gesungenen lateinischen Hymnus folgen, der ins Deutsche übersetzt lautet: »Damit die Diener die Wunder deiner Taten aus gelöstem Herzen erklingen lassen können, löse die Schuld des sündigen Mundes, heiliger Johannes.« Hier stellt sich also der Komponist selbstbekennend in das Werk hinein und unterstützt die Aufforderung »Lobet ihr Knechte den Herrn« mit dem Bekenntnis und der Bitte, die Schuld des sündigen Mundes zu lösen, damit das komponierte und angestimmte Lob auch des Herren würdig sei. So folgt er einer Tradition, die unübersehbar und überzeugend bei Johann Sebastian Bach zu finden ist, der stets, wenn er die Person »Ich« vertonte, auch tatsächlich sich selbst meinte, keinen »gut gemeinten« Aufruf an andere richtete, sondern immer glaubwürdig vom eigenen »Ich« ausging.

So ist es eben keine Koketterie, wenn er zu Beginn der III. Kantate des Weihnachtsoratoriums den Herrn mit den Worten »Herrscher des Himmels, erhöre das Lallen« anruft, indem er seine eigenen genialen Bemühungen ganz ins Zeichen des Dienens stellte.

Auf die Verkündigung durch den Engel folgt im ersten Kapitel des Lukasevangeliums jene Begegnung zwischen Maria, der künftigen Mutter Jesu, und Elisabeth, der künftigen Mutter Johannes' des Täufers, und erhält damit die zentrale Position. Der uns bekannte Lobgesang Mariens »Meine Seele preist die Größe des Herrn« wird nicht wie üblich mit der kleinen Doxologie beschlossen, sondern mit der aus dem 67. Psalm entnommenen Bitte: »Gott sei uns gnädig und segne uns. Er lasse über uns sein Angesicht leuchten, damit auf Erden sein Weg erkannt wird und unter allen Völkern sein Heil.«

Die Anlage der Komposition von Siegfried Thiele ist mehrchörig. Der erste Chor besteht aus zwei Flöten mit Piccoloflöte, zwei Oboen mit Englischhorn und einem Fagott. Der zweite Chor umfasst drei Trompeten, drei Posaunen und eine Basstuba. Den dritten Chor bilden die Frauen- und Männerstimmen von der Ein- bis zur Vielstimmigkeit. Der vierte Chor wird ausschließlich aus Streichern gebildet, vier Bratschen, drei Violoncelli und einem Kontrabass. (Auf die Violinen wurde absichtsvoll verzichtet.) Eine besondere Rolle spielen vier Pauken. Die Stimme der Elisabeth äußert sich durch einen virtuos geführten, engagiert dramatisch dargebotenen Solosopran, während die anderen Akteure dieses Geschehens vom Chor selbst dargestellt werden. Dabei handelt es sich nicht um aus dem Chor hervortretende Vokalsolisten, wie man annehmen könnte, sondern die jeweiligen Stimmen des Chores musizieren als Stimmgruppe dann jeweils einstimmig. Der Komponist setzt bei den Solisten, Musikern und dem Chor – wie könnte es anders sein – engagiert lebendiges Musizieren voraus.

Der revolutionär zu nennende Text, der Lobgesang Mariens, gehört für mich zu den beeindruckendsten Texten der Bibel. Es ist eine kaum darstellbare Tiefe des Glaubens und eine Eindeutigkeit, der man eine gewisse Radikalität bescheinigen könnte. Machen wir uns klar, dass erst mit dem ersten Kapitel des Lukasevangeliums das Weihnachtsgeschehen ja wirklich komplett wird. Herauszuspüren ist die messianische Heilsverheißung. Und dies artikuliert Maria, eine Frau! Und es ist nicht nur Dank und Freude, sondern auch Überzeugung, ja Gewissheit, dass Gott Gerechtigkeit und Barmherzigkeit entscheidend einsetzt und die Verhältnisse ordnet. Maria wird durch ihre Funktion, aber auch durch das Gesagte zur größten biblischen Frauengestalt.

Wie bereits erwähnt, gehört dieser Text zu jenen, die von den uns bekannten Komponisten im Laufe der Jahrhunderte mit am häufigsten vertont wurden. Wolfgang Amadeus Mozart vertonte in den *Vesperae solennes* mehrfach Stücke, die mit dem »Magnificat« abschließen. Zunehmend erfreut sich das »Magnificat« in der Neuzeit, so bei Krzysztof Penderecki und Arvo Pärt, wieder einer größeren Beliebtheit.

Für mich sagt der Text aus, dass wir uns allen Widerständen und Schwierigkeiten zum Trotz auf die Kräfte Gottes verlassen können. Aus diesem Geist spricht Maria im »Magnificat« damals und heute zu uns und sie tut dies kraftvoll.

Dankbar bin ich, zu den Musikern gehören zu dürfen, die seit vielen Jahrhunderten mit der Musik von Menschen aufgerichtete Grenzen überschreiten. Dies eint uns. Dankbar bin ich zusammen mit den anderen Musikern, in diesen einzigartigen Kosmos unserer europäischen Kirchenmusik einen Stein eingefügt zu haben, um dafür zu danken, dass wir so überreich empfangen durften.

## Anmerkung

Einige dieser Gedanken hat Ludwig Güttler zusammen mit Siegfried Thiele anlässlich der Uraufführung der Evangelienvesper für Sopran, Chor und Orchester von Siegfried Thiele, in: *Dresdner Frauenkirche – Jahrbuch zu ihrer Geschichte und Gegenwart,* Band 13 (2009), S. 177–184, geäußert.

# CHRISTINE HADERTHAUER

## Familienarbeit aufwerten – Gemeinsinn stärken

### Leben und Arbeiten neu austarieren: für eine gute Gesellschaft

Die Sehnsucht der Menschen und das Streben der Politik nach der guten Gesellschaft sind beinahe so alt wie der Mensch selbst. Die gute Gesellschaft ist dabei eine, in der es gerecht zugeht. Ohne Gerechtigkeit hat keine Gesellschaft innere Struktur, Festigkeit und deshalb keinen dauerhaften Bestand. Gerechtigkeit ist gleichsam das Fundament, auf dem jede menschliche Gesellschaft steht. Aber Gerechtigkeit allein ist nicht alles. Die gute Gesellschaft ist eine, die sich der Förderung des Gemeinwohls verschreibt. Beides – Gerechtigkeit und Gemeinwohl – sind die entscheidenden Orientierungshilfen, die Papst Benedikt XVI. in seiner Sozialenzyklika *Caritas in Veritate* für die Entwicklung der guten Gesellschaft gibt. Er entfaltet sie aus dem Grundprinzip der Soziallehre der Kirche überhaupt: aus der Liebe.

Nun würden wir den Papst missverstehen, wenn wir Liebe auf den emotionalen Zustand, auf das psychische Gefühl verengen würden, als das wir sie für gewöhnlich halten. Liebe im Sinn und Geist der Sozialenzyklika ist mehr als bloße Emotionalität. Sie ist das authentische Wohlwollen gegenüber dem anderen, der Bürger- und Gemeinsinn, das beständige Streben nach dem Guten und Gerechten.

◀ *Papst Benedikt XVI. während einer Jugendbegegnung in Assisi am 17. Juni 2007.*

Heute, da es uns dank unserer Entwicklungserfolge auf dem Gebiet der Wissenschaft und Technik so gut wie niemals zuvor geht, stellt sich die Frage nach der guten Gesellschaft neu. Es geht nicht mehr vorrangig nur um Wachstum und wirtschaftliche Dynamik. Denn tatsächlich hat diese Entwicklung gleichsam als Nebenwirkung eine bisher ungeahnte Ökonomisierung unserer Lebens- und Arbeitswelt nach sich gezogen. Diese Entwicklung – keinesfalls nur auf Deutschland beschränkt – hat Papst Benedikt XVI. in seinem Pontifikat wieder und wieder thematisiert und kommentiert. Es lohnt sich, die entscheidenden Linien seines Denkens herauszuarbeiten, um daraus Schlussfolgerungen für unsere Vorstellung vom guten Leben in einer guten Gesellschaft zu ziehen.

Der problematische Kern dieser Entwicklung liegt im Menschenbild und Gesellschaftsverständnis, das diese Entwicklung trägt: Es ist die »produktivistische und utilitaristische Sicht des Daseins«[1]. Der Mensch wird damit von der transzendenten Dimension seines Daseins abgeschnitten und auf Rolle und Nutzen in Wirtschaft und Gesellschaft reduziert. Er erscheint in dieser Verengung nur als Sammlungspunkt oder Träger von Funktionen. Das führt zu der weitverbreiteten und trügerischen Überzeugung, dass der Mensch Schöpfer seiner selbst ist, sich selbst genügt und keiner weiteren über das Hier und Jetzt hinausgreifenden Quellen der Sinnstiftung bedarf. Er wird so zum Produkt und Produzenten seiner Gesellschaft. Er wird zu einer Sache. Unweigerlich wird er damit auch in seiner unveräußerlichen Würde verletzt, die ihm als personale »Einheit aus Seele und Leib«[2], frei und gleich nach Gottes Ebenbild geschaffen, zukommt. Er wird – wenn man so will – in Teilen »de-humanisiert«.

Ein solches Gesellschaftsverständnis und Menschenbild ist insofern bedenklich, weil der Markt allein gar nicht in der Lage ist, unserer Lebens- und Arbeitswelt Sinn und Wert zu geben. Im Gegenteil: Für sich genommen ist der Markt nicht einmal zur Selbstregelung imstande. Die Ökonomen nennen das das »Marktversagen«. Dieses gründet in dem Umstand, dass der Markt nur den Mechanismus von Angebot und Nachfrage kennt. Er unterliegt dabei keinen anderen Gesetzen als jenen der ausgleichenden Gerechtigkeit, die den Austausch von Waren und Dienstleistungen unter gleichwertigen und deshalb gleichberechtigten Marktteilnehmern regeln. Weil er auf diesen Aspekt der Gerechtigkeit beschränkt ist, »ist er nicht in der Lage, für den sozialen Zusammenhalt zu sorgen, den er jedoch braucht, um gut zu funktionieren«[3]. Von daher folgert Papst Benedikt XVI.: »Ohne solidarische und von gegenseitigem Vertrauen geprägte Handlungsweisen in seinem Inneren kann der Markt die ihm eigene wirschaftliche Funktion nicht vollkommen erfüllen.«[4]

Wir brauchen deshalb eine neue Debatte um die gute Gesellschaft. Für sie ist die Sozialenzyklika eine wichtige Orientierung. Papst Benedikt XVI. plädiert darin für eine Überwindung des Zweisäulenmodells, in dem sich die Gesellschaft in Staat und Wirtschaft erschöpft. Staat und Wirtschaft sind entscheidend, sind notwendige, aber eben keine hinreichenden Bedingungen für ein gutes Gemeinwesen. »Wenn die Logik des Marktes und die Logik des Staates mit gegenseitigem Einverständnis auf dem Monopol ihrer jeweiligen Einflussbereiche beharren, gehen langfristig die Solidarität in den Beziehungen zwischen den Bürgern, die Anteilnahme und die Beteiligung sowie die unentgeltliche Tätigkeit verloren.«[5] Der Papst plädiert deshalb in Fortführung seines Vorgängers Papst Johannes Paul II. für »die Notwendigkeit eines Systems mit drei Subjekten: dem Markt, dem Staat und der Zivilgesellschaft«[6]. In der Zivilgesellschaft ist Raum für Engagement, für Unentgeltlichkeit, für Brüderlichkeit, für den Dienst am Menschen um des Mitmenschen willen. Sie macht eine Gesellschaft stark und sozial. Sie macht eine Gesellschaft zur guten Gesellschaft.

Und für diese Zivilgesellschaft nimmt er auch die Unternehmen in die Pflicht: Angesichts der fortschreitenden Ökonomisierung unserer Arbeits- und Lebenswelt fordert der Papst eine »Zivilisierung der Wirtschaft«[7], getragen von der Einsicht, »dass das erste zu schützende und zu nutzende Kapital der Mensch ist, die Person in ihrer Ganzheit«[8]. Er betont dabei »die Notwendigkeit einer weiterreichenden sozialen Verantwortung des Unternehmens«[9], kritisiert die »Zunahme einer kosmopolitischen Klasse von Managern« und betont den Grundsatz, dass

Eigentum verpflichtet – auch und gerade die Unternehmen. Sie sollen mehr Verantwortung übernehmen für das gesamte Umfeld, das ihren Erfolg trägt: »die Arbeitnehmer, die Kunden, die Zulieferer der verschiedenen Produktionselemente, die entsprechende Gemeinde«[10]. Und die Wirtschaft soll deshalb Initiativen »Gestalt und Struktur« verleihen, »die den Gewinn zwar nicht ausschließen, aber über die Logik des Äquivalenzprinzips und des Gewinns als Selbstzweck hinausgehen wollen«[11]. Wir dürfen diese Ausführungen des Papstes durchaus als eine Aufforderung dazu lesen, was wir modern CSR – *Corporate Social Responsibility* – nennen: die freiwillige Übernahme sozialer Verantwortung.

Und schließlich sind das Herz der guten Gesellschaft starke Familien. So wie aber vor wenigen Jahrzehnten noch der Einsatz für den Umweltschutz und die nachhaltige Nutzung unserer Ressourcen in weiten Teilen unserer Gesellschaft abgetan wurde, so wird auch heute die Rolle der Familien systematisch verkannt. Nein, die Familie ist kein Biotop, in dem sich selten gewordene Exemplare der menschlichen Spezies tummeln. Und nein, Familien sind auch nicht in erster Linie die Nutznießer der Sozialpolitik, sondern sie sind Stifter des sozialen Mehrwerts der Menschlichkeit und damit die Basis der Sozialpolitik. Wenn wir Familien unterstützen, dann ist das kein Zeichen von besonderer Mildtätigkeit. Es ist kein »Geben« im karitativen Sinn, sondern das Schaffen einer Ermöglichungskultur, weil diese so wichtig ist für uns alle und für eine vitale Gesellschaft. Es ist also ein »Zurückgeben«, ein »Geben«, auf das Familien ein Recht haben, weil sie Fundamentales leisten. Sie übernehmen ein Mehr an Verantwortung – Verantwortung nämlich für sich und andere, Verantwortung für die kommenden Generationen und damit für den Fortbestand unserer Gesellschaft. Und sie tun das mit einer natürlichen Selbstverständlichkeit, mit einer bewundernswerten Klaglosigkeit, die uns Respekt und Anerkennung abnötigen muss.

Aber dennoch mehren sich die Stimmen, die einer fatalen Entkernung der Familie das Wort reden – einer Entkernung, die ohnehin schon längst in vollem Gange ist. Der Trend heißt: Outsourcing von Aufgaben aus der Familie an öffentliche Einrichtungen, von der Kindererziehung bis zur Pflege der Angehörigen. Und diejenigen, die für ihre eigenen Kinder oder Eltern und Großeltern da sein wollen, werden unter dem Diktat der Erwerbstätigkeit als »Minderleister« eingeordnet. Die Leistung, die Elternarbeit und gelebte Familienverantwortung für die Gesellschaft bringt, wird konsequent übersehen. Niemand fragt nach dem, was die allermeisten Menschen wirklich wollen und brauchen. Alles wird dem Diktat der Wirtschaft unterstellt: Eltern sollen möglichst unterbrechungsfrei und in Vollzeit einer Erwerbstätigkeit außer Haus nachgehen.

Die Folgen sind fatal: Wo Familien zurückgedrängt werden, muss der Staat einspringen. In einer Gesellschaft, in der den Menschen Eigenverantwortung und die Übernahme von Verantwortung für nahe Verwandte aberzogen wird, da wird bald jegliche Solidarität verloren gehen. Denn aus welchem Grund sollte sich jemand um das Wohl anderer kümmern, wenn ihm schon die Sorge um die nächsten Angehörigen abgewöhnt wird? Wer Familien entkernt, bläht den Staat auf und höhlt ihn von innen her aus. Denn Familien sind der harte Kern und die Keimzelle einer jeden menschlichen Gesellschaft. Jede Ideologie, die versucht hat, Familien wegzuorganisieren, hat sich durch ihr historisch belegtes Scheitern selbst ad absurdum geführt.

Wir müssen deshalb eine neue Balance zwischen Leben und Arbeiten finden – eine, in der Raum bleibt für das ehrenamtliche und soziale Engagement, für Sorgearbeit, vor allem aber für die Familien. Was wir brauchen, ist ein ganzheitliches Verständnis vom Leben, mit einem viel stärkeren Fokus auf die tatsächlichen Bedürfnisse und Lebensaufgaben weit über den Erfolg im Beruf hinaus. Die Gesellschaftspolitik der Zukunft ist deshalb eine pragmatische Lebenslaufermöglichungspolitik. Herzstück ist die Familienpolitik. Und Familien, das sind Eltern, deren Angehörige und eben auch deren Kinder. Eine humane Gesellschafts- und Familienpolitik muss ihre Belange – von der Erziehung der Kinder bis zur Pflege der Angehörigen – zum Ausgangspunkt nehmen. Sie muss Rahmenbedingungen schaffen für die Verwirklichung unterschiedlichster Lebensläufe, mit besseren Voraussetzungen für eine partnerschaftliche Aufgabenverteilung zwischen Frauen und Männern in der Familie, sodass sich Phasen der Erwerbsarbeit mit Phasen der Kindererziehung, der Weiterbildung und der Pflege abwechseln und abwechseln können. Dafür brauchen Familien Unterstützung und Förderung mit Leistungen für junge Eltern, die an das Elterngeld anschließen, wie das Landeserziehungsgeld und das Betreuungsgeld, aber auch mit besseren Rentenansprüchen nach Kindererziehung oder Pflege. Wir brauchen eine Rente nach Lebensleistung. Das ist nur gerecht. Denn Familienarbeit spart enorme soziale Kosten.

Gelebte Familienverantwortung und soziales Engagement von Menschen, die mehr als ihre Pflicht tun, sind das Rückgrat unserer Gesellschaft und müssen endlich aufgewertet werden. Und wir müssen Leben und Arbeiten neu austarieren, damit Raum dafür ist. Das sind die beiden politischen Lehren, die wir aus der Sozialenzyklika *Caritas in Veritate* zu ziehen haben. Und das ist zugleich der Schlüssel zu einer guten Gesellschaft.

# Anmerkungen

1 Papst Benedikt XVI. (2009): Enzyklika *Caritas in Veritate. Über die ganzheitliche Entwicklung des Menschen in der Liebe und der Wahrheit,* S. 34.

2 Ebd., S. 76.

3 Ebd., S. 35.

4 Ebd.

5 Ebd., S. 39.

6 Ebd., S. 38.

7 Ebd., S. 38.

8 Ebd., S. 25.

9 Ebd., S. 40.

10 Ebd.

11 Ebd., S. 38.

# MICHAELA VON HEEREMAN

## Weite und Offenheit

Mit großer Freude schreibe ich an diesem Buch anlässlich des 85. Geburtstages unseres Heiligen Vaters mit. Zwei Gründe meiner Freude und Dankbarkeit will ich in diesem Beitrag nennen: Zum einen habe ich ihm theologisch und folglich auch im Glauben viel zu verdanken, und zum anderen möchte ich zeigen, dass sein Satz »die Kirche lebt und sie ist jung«[1] auch ihn selbst beschreibt. Denn ohne seine Initiative, seine Entschiedenheit und sein Einfühlungsvermögen in die Bedürfnisse der Jugend hätte es den neuen Jugendkatechismus, den YOUCAT[2], so nie gegeben, erst recht nicht mit dieser weltweiten Wirkung.

Wir befinden uns im Dezember des Jahres 2006. Unser Sohn Sylvester war in Rom zum Priester geweiht worden und wir hatten die Möglichkeit bekommen, bei der Generalaudienz in der *prima fila* Benedikt XVI. begrüßen zu dürfen. Der Heilige Vater lächelte uns ausgesprochen gelöst und fröhlich an. Als ich ihn jedoch um sein Gebet bat, da ich gerade in einem Team von vier Autoren an einem Jugendkatechismus arbeiten würde, hielt er sichtlich den Atem an, zog die Augenbrauen hoch und machte ein Gesicht, als wolle er sagen: »O Gott, wo kommen wir denn da hin, wenn plötzlich alle möglichen Leute glauben, einen Katechismus schreiben zu können!« Auf die Erklärung hin, Kardinal Schönborn

◄  *XX. Weltjugendtag in Köln – Rheinfahrt auf dem Schiff am 18. August 2005. Der Papst spricht zu Jugendlichen aus aller Welt, die ihm vom Ufer aus zujubeln.*

habe die Schirmherrschaft über unser Projekt übernommen, strahlte er wieder, ergriff mit beiden Händen die meinen und seufzte erleichtert auf: »Na, dann sind Sie ja in besten Händen!«

Seit dieser kleinen Szene wusste der Heilige Vater, dass es in Deutschland dieses Projekt gab und erkundigte sich gelegentlich bei Kardinal Schönborn, wie weit wir gediehen seien. »Wir«, das waren zwei Priester, Dr. Johannes zu Eltz, heute Stadtpfarrer von Frankfurt, und Dr. Christian Schmitt, Priester der Gemeinschaft Emmanuel und aus der Diözese Münster, und zwei Laien, Bernhard Meuser, damals Verlagsleiter bei Pattloch und Initiator des Projektes, und ich, beide Theologen und Autoren, verheiratet und Eltern mehrerer Kinder – und zweiundfünfzig Schüler, Lehrlinge und Studenten zwischen fünfzehn und fünfundzwanzig Jahren! Motiviert durch ihre Erlebnisse auf dem Weltjugendtag in Köln waren sie bereit, sich mit uns in zwei fünftägigen Sommercamps 2006 und 2007 durch das Kompendium[3] bzw. dann im zweiten Camp durch unsere Entwürfe zu ackern.

Wir notierten die Verständnisfragen der Jugendlichen, ihre Kritik und Kommentare; wir lernten ihre existenziellen Fragen und Ängste kennen, ihre Glaubenszweifel, ihre Hoffnungen, ihre Sehnsucht nach Wahrheit und nach einem lebendigen Gott, der ihre Gebete hört – und nach einer Kirche, die sich ohne Vertuschung ihrer Geschichte und Gegenwart stellt. Es waren anstrengende, aber gesegnete Tage, an deren Ende die Jugendlichen das für uns unerwartete Fazit zogen: Nichts streichen, alles ist wichtig und hängt miteinander zusammen; nur bitte, bitte, eine andere Sprache und viele Erklärungen!

Beim Schreiben richteten wir uns am Duktus des Kompendiums und an den Ausführungen des KKK[4] aus. Dazu entstanden die sogenannten Marginalspalten, mit ihren vielen Aphorismen von Heiligen, Kirchenvätern, Theologen, Wissenschaftlern und Dichtern. Es war ein theologisches Vergnügen, auf der Suche nach erhellenden Zitaten die einschlägigen Predigten von Benedikt XVI. unter *www.vatican.va* zu durchstöbern. Seine klaren, bildhaften, einfühlsamen und in die Tiefe führenden Texte waren eine reine Fundgrube, so zum Beispiel zum

Thema Dreifaltigkeit: »In Jesus Christus ist Gott Mensch geworden und hat uns gestattet, einen Blick in das Innere Gottes zu werfen. Und dort sehen wir etwas völlig Unerwartetes: Gott ist keine unendliche Einsamkeit; er ist ein Ereignis der Liebe (...)«[5] oder zum Thema Schöpfung: »Wir sind nicht das zufällige und sinnlose Produkt der Evolution. Jeder von uns ist Frucht eines Gedankens Gottes. Jeder ist gewollt, jeder ist geliebt, jeder ist gebraucht.«[6]

Im Frühjahr 2009 waren wir mit unserem ehrenamtlichen und ohne offiziellen Auftrag begonnenen Projekt fertig. Kardinal Schönborn und der Psychiater, Theologe und Autor Dr. Manfred Lütz[7], der den provisorischen Jugendkatechismus zufällig im Verlag hatte liegen sehen, brachten ihn in »die Höhle des Löwen«: zum Heiligen Vater!, aber auch zu den Kardinälen Joachim Meisner, Karl Lehmann und Stanislaw Rylko, dem Präsidenten des Päpstlichen Laienrates, die sich schnell zu seinen Fürsprechern entwickelten. Schon im Sommer 2009 sagte uns der Heilige Vater ein Vorwort[8] zu. Und dies gab dem kleinen gelben Büchlein den entscheidenden Aufwind: Heute erscheint der YOUCAT in zweiundzwanzig Sprachen und fünfzig Nationen. Er lag 2011 in Madrid mit 700 000 Exemplaren in den sechs offiziellen Sprachen des Weltjugendtages in den Rucksäcken der jungen Pilger, versehen mit dem für uns nach wie vor geradezu wundersamen Aufdruck: »Dieses Buch ist ein persönliches Geschenk des Heiligen Vaters.«

In Deutschland müssen viele umdenken: Dieser Papst, der als Präfekt der Glaubenskongregation gerade in unserem Land oft als »Panzerkardinal« oder »Nachfolger der Inquisition« verunglimpft wurde, ist in Wirklichkeit von einer Weite und Offenheit, die ihn von vielen seiner Kritiker unterscheidet: Mit dem YOUCAT griff er souverän eine Bewegung von unten auf und ließ sie zu einer Bewegung von oben werden, von ganz oben: einer Bewegung der Kirche auf die Jugend zu. Er machte sich mit seinem Vorwort ein ganz und gar junges Buch zu eigen, das mit Cartoons, Daumenkino und Fotos der beteiligten Jugendlichen arbeitet; das beim sechsten Gebot einen einladenden, werbenden und erklärenden Ton anschlägt, ohne gleich von Sünden oder schweren sittlichen Vergehen zu sprechen. Gilt nicht gerade auch auf diesem delikaten Gebiet Ähnliches, was Johannes XXIII. den Konzilsvätern mit auf den Weg gab: Sie sollten bei der Verkündigung der christlichen Lehre »nicht an erster Stelle die Irrtümer der Zeit verurteilen, sondern sich in Gelassenheit vor allem um eine klare Darlegung der Kraft und der Schönheit der Glaubenslehre bemühen«[9]? – ganz so, wie es Benedikt XVI. mit seiner wunderschönen ersten Enzyklika *Deus Caritas est*[10] gemacht hatte. Auch die Forderung der Jugendlichen nach historischer Aufrichtigkeit und Gerechtigkeit traf bei ihm auf offene Ohren. So spricht der YOUCAT zum Beispiel in Bezug auf die Kirchenspaltung der Reformationszeit von »Verfälschungen der Lehre Christi, menschlichen Verfehlungen und mangelnder Versöhnungsbereitschaft – meist bei Vertretern *beider Seiten*« – und geht auch andere prekäre Themen, wie etwa den Antijudaismus der Christen und den sexuellen Missbrauch durch Amtsträger, offen an.

Wer sich an die große Rede Ratzingers 1983 in Frankreich zur Krise der Katechese und ihrer Überwindung erinnert, der wird sich nicht darüber wundern, dass ein Jugendkatechismus ihm ein echtes Herzensanliegen war und ist. Denn die Weitergabe des Glaubens an die nächste Generation ist eine zentrale Aufgabe der Kirche, gemäß der letzten Worte des Herrn an seine Jünger: »Darum geht zu allen Völkern und macht alle Menschen zu meinen Jüngern; tauft sie auf den Namen des Vaters und des Sohnes und des Heiligen Geistes und lehrt sie, alles zu befolgen, was ich euch geboten habe. Seid gewiss: Ich bin bei euch alle Tage bis zum Ende der Welt« (Mt 28,19–20). Die systematische Darstellung und Durchdringung des »Gedächtnisses« der Kirche, das sich schon vor Abfassung der Evangelien zum Beispiel im Apostolischen Glaubensbekenntnis niedergeschlagen hat, ist die Voraussetzung dafür, die Vernünftigkeit und Glaubwürdigkeit der christlichen Botschaft erkennen zu können. Glaube und Vernunft, eines der großen Themen dieses Pontifikates.

In seiner Rede in Paris sagte der damalige Präfekt der Glaubenskongregation: »Ein erster schwerwiegender Fehler (...) war es, den Katechismus abzuschaffen und ganz allgemein die Gattung Katechismus als überholt zu erklären (...).«[11] Für diesen »international betriebenen Fehlentscheid«[12] sah er vielfältige Gründe, wie zum Beispiel die »Hypertrophie der Methode gegenüber den Inhalten«[13] und die Tatsache, dass die praktische Theologie sich nicht mehr als Weiterführung bzw. Umsetzung der Dogmatik verstand, sondern als »selbstständigen Maßstab«[14], wodurch »eine Überordnung der Praxis über die Wahrheit«[15] entstand. Letztlich, so der Kardinal damals, stand dahinter eine radikale Anthropozentrik: Das Angebot der Katechese richtete sich nach der Nachfrage; der Glaube wurde nicht mehr als organische Ganzheit dargestellt, sondern nur noch »in ausschnitthaften Spiegelungen von einzelnen anthropologischen Erfahrungen her«[16].

Ich war zur damaligen Zeit sowohl Religionslehrerin als auch in der Gemeindekatechese engagiert und habe diese »ausschnitthaften Spiegelungen« menschlicher Erfahrungen, die die einzelnen Inhalte oft eher zusammenhanglos und fast zufällig erscheinen ließen, vielfach erlebt. Der sogenannte korrelative Ansatz in Religionsunterricht und Katechese, der in der richtigen Ausgestaltung in der Tat unverzichtbar ist, wurde in den vorhandenen Materialien häufig sehr einseitig betrieben. Die Lebenssituation der Kinder und Jugendlichen wurde intensiv beleuchtet, die Aussagen des Glaubens dagegen oft eher fragmentiert und profanisiert dargeboten. So stellte zum Beispiel eine katechetische Mappe zur Kommunionvorbereitung das Feiern eines Familienfestes mit einem gemeinsamen Festessen detailliert dar und ließ es spielerisch nachvollziehen. Die Eucharistiefeier dagegen schrumpfte inhaltlich zu einem gemeinschaftsstiftenden Mahl der Christen, von der Realpräsenz Christi im Sakrament der Eucharistie dagegen war keine Rede.

Kardinal Ratzinger nannte in Paris die eigentliche Ursache solch katechetischer Tiefflüge eine »Krise des Glaubens, genauer: des Mitglaubens mit der Kirche aller Zeiten«, und er fuhr fort: »Dies hatte zur Folge, dass in der Katechese das Dogma weitgehend ausgelassen wurde und dass man den Glauben direkt von der Bibel her zu konstruieren versuchte. Nun ist das Dogma seinem Wesen nach ja auch nichts anderes als Auslegung der Schrift, aber diese im Glauben der Jahrhunderte gewachsene Auslegung schien nicht mehr recht vereinbar mit dem Verständnis der Texte, zu dem die historische Exegese inzwischen geführt hatte.«[17]

Ich habe dieser Rede des jetzigen Heiligen Vaters viel zu verdanken; denn es fiel mir damals wie Schuppen von den Augen: Gerade das auf der Universität vermittelte Verständnis der biblischen Texte hatte mir den Glauben an den Gott, zu dem wir uns im Credo bekennen, zunehmend schwer gemacht. Ich hatte mich auf neutestamentliche Exegese spezialisiert und darin auch meine Examensarbeit geschrieben, fasziniert von der Suche nach dem »historischen Jesus« und nach der *ipsissima vox*, nach der allerältesten, von nachösterlichen Bildungen freien Schicht. Der Terminus »nachösterliche Bildung« wirkte wie eine exegetische Totschlagkeule, die alles traf, was die natürlichen Grenzen sprengte: die Geburt aus der Jungfrau Maria, die Verklärung, die Zeichen und Wunder Jesu, merkwürdigerweise nicht unisono seine Auferstehung.

Als Kind meiner Zeit – und mit der Mehrheit unserer Professoren – hielt ich die historisch-kritische Methode für die einzig brauchbare, weil allein wissenschaftliche Erkenntnismöglichkeit. Und so nahm mir mein Studium jegliche Glaubenssicherheit in der Frage, wer nun eigentlich dieser Jesus von Nazareth wirklich war, was er getan und gesagt hatte. Ich verließ die Universität zwar mit einem Diplom, dafür jedoch mit einem leer gefegten Himmel: Engel, Heilige und vor allem die Muttergottes waren während des Studiums zu einer *quantité négligeable* geworden. In »meinem« Himmel wohnte nur noch eine recht nebulöse, eher blässliche Dreifaltigkeit: Nebulös, weil mir das Verhältnis des historischen Jesus zum verkündigten Christus und daher »beider« Verhältnis zum Vater völlig unklar war; blässlich, weil ich nicht mehr wusste, was ich diesem dreieinen Gott an faktischem Heilshandeln in der Geschichte und tätiger Anteilnahme an meinem Leben eigentlich zutrauen konnte ...

Eine biblische Theologie, die nur die historisch-kritische Exegese zur Grundlage hat und die kanonische Schriftlesung aus den Augen verliert, also das Lesen der einzelnen Schriften im Licht des Gesamtzusammenhangs der Bibel, gerät in eine Schieflage – so wertvoll und unverzichtbar ihre Ergebnisse zum Beispiel für gattungs- und redaktionsgeschichtliche Fragen auch sind. Sie führt leicht zu dem Eindruck, alle Züge der Gottheit Jesu Christi seien erst nachträglich, aus apologetischen Gründen, von der urchristlichen Gemeinde in das Lebensbild Jesu eingefügt worden.

Völlig überraschende Gotteserfahrungen mit der Heiligen Schrift retteten mich aus dieser Verwirrung, nachdem charismatische Exerzitien die Ohren meines Herzens für diese Sprache Gottes mit uns geöffnet hatten. Die theologische – wissenschaftlich sorgsam begründete – Darlegung der Glaubwürdigkeit der Evangelien fand ich in den Schriften von Joseph Ratzinger, wie zum Beispiel in der besagten Rede in Paris oder in seinem Büchlein »Die Tochter Zion. Betrachtungen über den Marienglauben der Kirche«[18]; und später natürlich in der Einleitung zu den beiden Bänden von »Jesus von Nazareth«[19].

Dieser große Theologe setzt der »Hermeneutik des Verdachts«, wie man die Exegese der letzten fünfzig Jahre nennen könnte, eine auf historischer Vernunft begründete Hermeneutik des Vertrauens entgegen. Ein letztes Zitat soll dies illustrieren: »Für meine Darstellung Jesu bedeutet dies vor allem, dass ich den Evangelien traue. (...) Das Wirken anonymer Gemeindebildungen, deren Träger man ausfindig zu machen versucht, erklärt in Wirklichkeit nichts. Wieso konnten unbekannte kollektive Größen so schöpferisch sein, so überzeugen und sich durchsetzen? Ist es nicht auch historisch viel logischer, dass das Große am Anfang steht und dass die Gestalt Jesu in der Tat alle verfügbaren Kategorien sprengte und sich nur vom Geheimnis Gottes her verstehen ließ? Freilich, zu glauben, dass er wirklich als Mensch Gott war (...), überschreitet die Möglichkeiten der historischen Methode. Umgekehrt –

wenn man von dieser Glaubensüberzeugung her die Texte mit historischer Methode und ihrer inneren Offenheit für Größeres liest, öffnen sie sich und es zeigt sich ein Weg und eine Gestalt, die glaub-würdig ist.«[20]

Mit unserem Heiligen Vater und Millionen von Christen glaube ich, bestärkt durch seine Schriften, dass das Wort Gottes wirklich Mensch geworden ist – *et verbum factum est* – so real, als historisches Faktum, wie es der Verfasser des ersten Johannesbriefes festhält: »Was von Anfang an war, was wir gehört haben, was wir mit unseren Augen gesehen, was wir geschaut und was unsere Hände angefasst haben, das verkünden wir: das Wort des Lebens« (1 Joh 1,1).

# Anmerkungen

1 Benedikt XVI. bei seiner Amtseinführung am 24. April 2005.

2 *YOUCAT. Jugendkatechismus der Katholischen Kirche*, hrsg. von der Österreichischen Bischofskonferenz, mit Zustimmung der Deutschen und Schweizer Bischofskonferenz, München 2011.

3 *Katechismus der Katholischen Kirche. Kompendium*, München 2005.
Das *Kompendium* ist die Kurzfassung des *Katechismus der Katholischen Kirche*, München 1993.

4 *Katechismus der Katholischen Kirche*, München 1993; im Folgenden *KKK* genannt.

5 Benedikt XVI., Pfingstvigil 2006, *YOUCAT*, S. 74.

6 Benedikt XVI., Amtseinführung, 24. April 2005, *YOUCAT*, S. 38.

7 Er ist Mitglied des Päpstlichen Laienrates, der u. a. auch für die Weltjugendtage zuständig ist.

8 *YOUCAT*, S. 6–11.

9 *KKK,* S. 29.

10 Veröffentlicht am 25. Dezember 2005.

11 Joseph Kardinal Ratzinger, *Die Krise der Katechese und ihre Überwindung. Rede in Frankreich. Mit den Reden von Erzbischof Dermot J. Ryan (Dublin), Godfried Kardinal Danneels (Mecheln/Brüssel) und Franciszek Kardinal Macharski (Krakau)*, Einsiedeln 1983, S. 15.

12 Ebd.

13 Ebd.

14 Ebd., S. 16.

15 Ebd.

16 Ebd.

17 Ebd., S. 16–17.

18 Joseph Ratzinger, *Die Tochter Zion. Betrachtungen über den Marienglauben der Kirche*, Einsiedeln 1977.

19 Benedikt XVI., *Jesus von Nazareth*, Bd. 1, Freiburg 2006, S. 10–23.

20 Ebd., S. 20f.

CLAUS HIPP

# Hoffnungszeichen für eine Zukunft mit Gott

Als Katholik habe ich mich sehr gefreut, als Joseph Kardinal Ratzinger am 19. April 2005 zum Papst gewählt wurde. Ihn hatte ich schon immer bewundert, da er einerseits ein großer Wissenschaftler ist und andererseits den Glauben so einfach und klar vermittelt, dass ihn jeder verstehen kann.

Der in Bayern geborene Papst Benedikt XVI. ist für mich als Bayer ein besonderer Papst. Unser gelebter Glaube ist nämlich durchaus auch von der heimatlichen Tradition geprägt: Da ist die Einbindung in das Kirchenjahr mit seinen Festen, Bräuchen, besonderen Zeiten und kirchlichen Riten, die uns Geborgenheit geben. Und da ist die Mystik, die uns das Beten erleichtert.

Die Nähe Gottes spüre ich in jeder Kirche. Trotzdem gibt es kirchliche Räume, in denen mir das Beten leichter fällt, weil sie mich vom Tagesgeschehen entführen und mich spüren lassen, was wichtig im Leben ist. Sicher finde ich Gefallen an moderner Architektur und zeitgenössischer Kunst, aber ein altes, bescheidenes Kirchlein, in dem viele Generationen gebetet und Zuflucht gefunden haben, berührt mich ganz anders und öffnet mir das Herz. Das Bewusstsein, dass Papst Bene-

◄ *Papstbesuch in Bayern: Papst Benedikt XVI. am 9. September 2006 während des Empfanges und Gebetes an der Mariensäule in München.*

dikt XVI. den Glauben in gleicher Weise wie wir hier in seiner bayerischen Heimat erfahren und gelebt hat, schafft eine wohltuende Nähe und Verbindung.

So vertrauensbildend das Idiosynkratrische der eigenen Herkunftsregion sein kann, so verbindend kann auch eine gemeinsame universelle Sprache wie das Lateinische sein. In diesem Sinne freut es mich persönlich, dass der Heilige Vater eine tolerante Haltung bezüglich der lateinischen Sprache in der heiligen Messe einnimmt.

Gut erinnere ich mich, wie ich als Kind noch vor der Schulzeit die lateinischen Texte der heiligen Messe von meiner Mutter gelernt habe und wie stolz ich darauf war, zu ministrieren.

Wenn ich, der ich viel unterwegs bin, in eine ferne oder ausländische katholische Kirche gehe, fühle ich mich gleich wie zu Hause. Meist vermittelt die Architektur der Gotteshäuser ein ähnlich ehrfürchtiges Gefühl wie in meinen heimatlichen Kirchen. Die Handlungen (wie Kreuzzeichen und Kniebeugen) und Abläufe (Liturgie) sind die gleichen. Sofort kann ich die Melodien der Lieder und den Rhythmus der Gebete erkennen. Besonders bewusst wird mir die große Gemeinschaft, die wir in der Kirche sind, wenn die heilige Messe auf Latein gelesen wird. Dann höre ich Vertrautes, das ich auch noch verstehe. Dieses Gefühl, dazuzugehören, zu Hause und geborgen zu sein, gibt vor allem in der Fremde unglaublich viel Kraft.

Papst Benedikt XVI. eint die Gläubigen auch in der Art und Weise, wie er Glauben vermittelt. Als mir vor langer Zeit die Relativitätstheorie Einsteins erklärt wurde, konnte ich der Erklärung einigermaßen folgen. Wenn ich sie jetzt jemandem erklären sollte, dann gelänge mir das sicher nicht. Der einzelne Mensch kann nicht über die gesamte Erkenntnis der Menschheit verfügen. Das bedeutet, man muss sich oft auch auf das Wissen anderer verlassen. Wenn ich beispielsweise einen Wissenschaftler, der sich auf seine wissenschaftliche Arbeit versteht, menschlich als vertrauenswürdig einschätze, so vertraue ich ihm, auch wenn ich sein Spezialwissen fachlich nicht beurteilen kann. Wir alle kennen das von den Naturwissenschaften und der Medizin: Man steigt in ein Flugzeug im Vertrauen darauf, dass der Ingenieur es so konstruiert hat, dass es uns wieder heil auf den Boden zurückbringt. Wir nehmen ein Medikament im Vertrauen darauf, zu gesunden, auch wenn wir als Laien nicht genau sagen können, welche biologischen oder biochemischen Reaktionen nach der Einnahme in unserem Körper ablaufen.

Für mich gilt dieses Vertrauen in die Erkenntnis anderer auch in der Theologie. Papst Benedikt XVI. ist ein anerkannter Wissenschaftler der Theologie. So habe ich zu seinen Äußerungen, seinen Meinungen und Erkenntnissen vollstes Vertrauen. Was ihn ganz besonders auszeichnet, ist die Art, wie er sich äußert. Er schreibt und spricht so, dass ich es verinnerlichen kann. So hilft der Heilige Vater meinem Glauben und steht ihm nicht im Wege. Glauben heißt ja, etwas für wahr halten, das ich nicht unbedingt beweisen kann. Sonst wäre es ja Wissen. Glauben heißt aber auch Vertrauen, Vertrauen auf das Wort und die Aussage eines anderen. Glauben ist im Grunde etwas sehr Gerechtes, denn der Hochgebildete hat keine Vorteile dem weniger Gebildeten gegenüber. Es ist aber schon bezeichnend, dass die Spitzenkräfte der Wissenschaft oft sehr gläubig sind, zumal wenn sie an die Grenzen der Erkenntnis vorgedrungen sind. Solche, die nur über ein Teilwissen verfügen, fühlen sich dagegen oft zur Glaubenskritik berufen. Wir sollen ja wie die Kinder werden, um zu glauben.

Das ist das, was mich bei den Äußerungen Papst Benedikts XVI. immer wieder von Neuem begeistert: dass er uns bescheiden und mit einfachen Worten den Glauben näherbringt – ohne Argumente oder theoretische Abhandlungen, die in einer wahrscheinlich abgehobenen Sprache sowieso nur Wissenschaftlern verständlich wären. Er tritt bescheiden auf, ohne mit seinem Wissen beeindrucken zu wollen. Er tritt aber fest auf, sodass er mit seiner Erkenntnis überzeugt. Aus der eigenen Sicherheit kommt die Stärke, sein Wissen bei anderen auf fruchtbaren Boden fallen lassen zu können.

Es ist beeindruckend, wie Papst Benedikt XVI. gleichzeitig Wissenschaftler und Hirte sein kann, ohne das Verständnis für die einfachen

Dinge des Lebens zu verlieren. Da der Heilige Vater früher einmal Münchner Erzbischof war, hatten viele aus meiner Umgebung und ich die Gelegenheit, ihn persönlich kennenzulernen. Damals habe ich die Erfahrung gemacht, dass der heutige Papst Benedikt XVI. sich nicht nur um die großen Aufgaben sorgt. Genauso liegen ihm die kleinen Probleme der Kirchengemeinde am Herzen. In seiner Münchner Zeit sagte er mir bei einem Treffen, ich solle mich weiter um die Wallfahrtskirche in Herrnrast bei Ilmmünster kümmern, um deren Renovation ich mich in den Siebzigerjahren angenommen hatte. Dies hat mich darin bestärkt und ich komme gern diesem Wunsche nach.

Auch meine längst verstorbene Tante Dora kannte Joseph Ratzinger persönlich. Er war der vierte Kardinal, für den sie tätig war. Als unser damaliger Erzbischof, Kardinal Ratzinger, nach Rom berufen wurde, um die Glaubenskongregation zu leiten, sagte die Tante: »Ihr werdet sehen, der wird noch mehr.« Wir meinten: »Der ist doch schon so viel geworden.« Aber die Tante sagte: »Wartet nur ab!« Es hat dann zwar noch einige Jahre gedauert, bis sich die Vorhersage meiner Tante erfüllt hat. Aber sie hat recht behalten. Wie meistens.

Es war schon eine sehr besondere Zeit zwischen dem Tod des seligen Papstes Johannes Paul II. und der Wahl eines Nachfolgers. Joseph Kardinal Ratzinger hat schon bei den Begräbnisfeierlichkeiten für Johannes Paul II. beeindruckt. In ihrer Ausstattung schlicht gehalten und auf das Wesentliche des Glaubens reduziert, entfaltete sich die Gedenkfeier in einer Art und Weise, die auch Nichtchristen besonders berührte. Joseph Kardinal Ratzinger selbst hatte damals vor, sich in den Ruhestand zu verabschieden. Aus Interviews vor seiner Wahl wissen wir, dass er sich weiter der Theologie widmen und in Pentling bei Regensburg mit seinem Bruder die letzten Jahre seines Lebens verbringen wollte.

Das Kardinalskollegium jedoch wählte ihn in der Sixtinischen Kapelle zum Oberhaupt aller Katholiken. Auch wenn Papst Benedikt XVI. der Heilige Vater für alle Katholiken auf der gesamten Welt ist, so interessiert er sich doch nach wie vor für Bayern. Es ist seine Heimat geblieben, trotz der vielen Jahre in Rom und trotz der vielen Auslandsaufenthalte auf dem ganzen Erdkreis.

Besonders deutlich hat für mich die Bayernreise des Heiligen Vaters im Jahr 2006 gezeigt, wie sehr ihn seine Heimat geprägt hat. An besondere Orte seiner Kindheit und Jugend, seines Studiums und seines Wirkens ist er gegangen. Das Leitwort seines Heimatbesuchs lautete »Wer glaubt, ist nie allein.« Das war für mich auf der gesamten Papstreise erkennbar. Und weil wir ihn kennen als einen, der unter uns gelebt und gewirkt hat, sind wir ihm menschlich so nahe.

Zu einer Audienz im Vatikan für S.K.K.H. Erzherzog Otto von Habsburg durfte ich mitkommen. Es erstaunte mich sehr, welch regen Anteil der Heilige Vater an seiner Heimatdiözese nahm. Dies bestätigt auch ein Satz, den er über sich selber einmal sagte: »Mein Herz schlägt bayerisch, in meinem Amt gehöre ich der Welt.«

Wenn gerade in Deutschland einige wenige glauben, sich dem Heiligen Vater gegenüber ungebührlich aufführen zu müssen, dann haben sich diese Menschen selbst diskriminiert. Denn wenn auch jemand nicht gleicher Meinung ist, so gebührt der großen Leistung und Verehrung durch die Gläubigen doch Achtung: Die Achtung, die ich auch den Oberhäuptern anderer Religionsgemeinschaften gegenüber erbringe.

Die aktuellen Auseinandersetzungen zwischen Christen und Muslimen im Nahen Osten und in Afrika müssten wohl nicht sein. Papst Benedikt XVI. hat in seinem theologischen Werk »Glaube, Wahrheit, Toleranz – Das Christentum und die Weltreligionen« aus dem Jahr 2002 Möglichkeiten aufgezeigt, mit anderen Religionen zu sprechen, ohne den eigenen Wahrheitsanspruch aufzugeben. Ebenso wiesen die Begegnungen mit den anderen Religionen in Assisi in Richtung des Dialogs. Auch in Bayern und in Deutschland wird es in wachsendem Maß notwendig sein, sich mit anderen Religionen – vor allem dem Islam – auszutauschen, weil nur so ein friedliches Leben miteinander möglich ist.

Die Kirche dürfen wir nicht aus dem Marketing-Blickwinkel heraus sehen. Sie muss und soll sich nicht dem Zeitgeist anpassen, um möglichst vielen Mitgliedern zu gefallen. Sie muss die Werte des Glaubens vermitteln und für die Gläubigen Orientierung und Maßstab sein. Auch wenn in manchen Medien die Worte Benedikts XVI. ab und an verdreht werden, so ist es doch wichtig, dass der Papst den rechten Weg aufzeigt.

Der Glaube hilft mir ungemein, den für mich richtigen Weg zu finden, nicht nur in meinen persönlichen Entscheidungen. Wie soll ich »Gut und Böse« unterscheiden, wenn ich nicht auf der Suche nach dem Schönen, Wahren und Guten bin?

Auch die komplexesten Probleme und Fragestellungen des Lebens können auf die Zehn Gebote reduziert werden. So kann ich meist schnell und ohne großes Nachdenken die Richtung finden, in die ich durch meinen Glauben gehen will. Es ist meist die gleiche Richtung, die nach umfangreichen ethisch-moralischen Erörterungen auch vorgegeben wäre. Wenn es einen Konflikt mit einem der Gebote gibt, hilft mir oft das Gespräch mit einem Priester. Die Erleichterung durch die Vergebung der Sünden, die wir Katholiken in der Beichte erleben, kann uns der beste Psychiater nicht vermitteln.

Wer den rechten Weg zeigt, muss langfristig denken und sich nicht von kurzfristigem Scheinerfolg verführen lassen. Auch ein Anbiedern, nur um möglichst viel Zustimmung zu erhalten, wäre sicher nicht der richtige Weg. Das würde auch dem Leitwort des Heiligen Vaters widersprechen, »Mitarbeiter der Wahrheit zu sein«. Wer sich nur nach Eilmeldungen der »Kurzschlussredaktionen« richtet, fabuliert oft. Und das hat dann mit Wahrheit wenig zu tun.

Die Meinung und Erkenntnis des Heiligen Vaters in schriftlicher und mündlicher Form ist mir stets eine große Hilfe, die mir in meinen Entscheidungen Sicherheit gibt. Das Wichtigste ist aber das Gebet. Besonders lieb ist mir das Rosenkranzgebet. Es ist ein besonderer Schatz, den die Kirche da hat: für die freudenreichen, schmerzhaften, glorreichen und traurigen Momente. Wir wissen, dass der Heilige Vater täglich für uns betet, und ich bete für ihn. In einer schwierigen Lebenslage können wir Gläubigen, namentlich auch die in der Wirtschaft Tätigen, all das, was die Atheisten tun, auch machen. Wir haben aber noch die Möglichkeit des Gebetes. Dazu kommt das Wissen, dass es Gott gibt, der es gut mit uns meint, auch wenn wir manches im Augenblick nicht übersehen und verstehen. Der Gläubige hat also immer noch Hoffnung in einer Lage, die für den Atheisten hoffnungslos ist. Der Hoffnungsvolle ist dem Hoffnungslosen insoweit überlegen, als dass Ersterer immer noch Kraft und Motivation aus der Hoffnung schöpfen kann.

Besonders hoffnungsvoll ist das Zugehen unseres Heiligen Vaters auf unsere Mitchristen, vor allem in den Ostkirchen. Es gibt vieles, das nicht trennend ist. Wenn wir uns um die Gemeinsamkeiten bemühen, die wir haben, dann wird unser Verhältnis viel inniger werden. Sehr froh bin ich, dass Papst Benedikt XVI. hier erst die Gemeinsamkeiten sucht, ohne Anpasserei um jeden Preis zu erstreben.

Das Lebenszeugnis Papst Benedikts XVI. ist glaubwürdig. So einfach, wie er in Bayern aufgewachsen ist, so einfach, wie er gelebt hat, so einfach und selbstverständlich, wie er seine ganze geistige und geistliche Größe der Kirche und damit auch der Welt geschenkt hat, ist er ein Vorbild in seiner Bescheidenheit und ein Hoffnungszeichen für eine gute Zukunft mit Gott.

Daher finde ich es sehr wichtig, immer – bei allen Schwächen, die jeder Mensch persönlich hat – selber Zeugnis für Jesus zu geben. Dabei werde ich sicher nicht immer Erfolg haben. Aber ich hoffe, wenn ich mich mit dem Heiligen Vater am Evangelium orientiere, vielleicht den einen oder anderen Menschen, dem ich begegne, zum Nachdenken zu bringen.

Es wäre mein Wunsch, dass wir uns nicht nur zu den religiösen Festen (Weihnachten, Ostern, Taufe, Hochzeit etc.) auf die Kirche besinnen. Unser ganzes Leben lang – von der Wiege bis zur Bahre – sollten wir uns im kirchlichen Leben aufgehoben fühlen. In diesem kirchlichen Leben ist Christus die Mitte und der Heilige Vater derjenige, der uns auf dem Lebens- und Glaubensweg wahre Orientierung gibt.

Dem Heiligen Vater bin ich besonders dankbar dafür, dass er unsere Hoffnung stärkt. Denn die Hoffnung stärkt uns auf unserem Weg zum ewigen Ziel.

# MARIA HÖFL-RIESCH

# Mein Glaube und der Papst

In meiner Heimatstadt Garmisch-Partenkirchen gibt es an Heiligabend eine schöne Tradition: Bei Einbruch der Dunkelheit gehen wir auf den Friedhof, besuchen die Gräber von verstorbenen Angehörigen und versammeln uns dann vor der Kapelle zu einer gemeinsamen Andacht mit unserem Pfarrer. Auf den Gräbern stehen kleine Christbäume mit brennenden Kerzen. Eine Blaskapelle spielt Weihnachtslieder. Für mich ist das immer ein wunderschöner Moment. Ein Moment zum Innehalten – gerade in diesen turbulenten Zeiten. Und vor allem ist es ein Moment, in dem ich mich Gott nahe fühle.

Der Glaube an Gott ist mein Wegbegleiter, seit ich ein kleines Mädchen war. Meine Eltern haben uns – meine Geschwister Susanne und Matthias, die beiden sind Zwillinge, und mich – christlich erzogen. Das heißt, sie sind mit uns in die Kirche gegangen, aber mehr noch haben sie uns christliche Werte vermittelt, die mich geprägt haben und nach wie vor prägen. Das mag für manche altmodisch klingen, doch mir sind solche Dinge wichtig. Es stimmt zwar, dass Werte bei vielen in Vergessenheit geraten zu sein scheinen, aber das ist für mich kein Kriterium für altmodisch.

Auch meine Schulzeit war bestimmt von katholischer Erziehung.

◄ *Papst Benedikt XVI. begrüßt eine Jugendliche anlässlich seiner Begegnung mit der italienischen Jugend am 1. September 2007 in Loreto.*

Meine erste Grundschullehrerin war eine Ordensfrau – Schwester Immanuela. Zu ihr habe ich bis heute Kontakt. Wir schreiben uns manchmal Briefe. Sie schreibt dann immer, dass sie für mich betet und mir Glück wünscht. Eine schöne Geste, über die ich mich sehr freue. Die Herzlichkeit von Schwester Immanuela berührt mich jedes Mal wieder.

Später, auf dem katholischen Gymnasium, wo ich Latein lernte, hatte ich in einigen Fächern Klosterschwestern als Lehrerinnen. Auch das hinterließ Spuren. Ich erinnere mich noch gut, wie wir in der zehnten Klasse nach Rom fuhren und dort den Petersplatz und die Peterskirche besichtigten. Ein beeindruckender Ort.

Heute gehe ich nicht mehr regelmäßig in die Kirche. Aber das kann ich auch gar nicht. Während der Skisaison reisen wir ständig umher und oft finden am Sonntag Rennen statt. Oder wir sind im Trainingslager, irgendwo am anderen Ende der Welt, in Neuseeland oder in Chile, wo im Sommer Schnee liegt, zumindest in den Bergen. Trotzdem ist mir der Glaube noch immer sehr wichtig. Ich finde, zum Beten braucht man nicht unbedingt eine Kirche. Die Intensität des Glaubens bemisst sich für mich nicht an der Häufigkeit der Kirchgänge. Den Glauben lebt man oder eben nicht. Und beten kann man überall, zu jeder Zeit. Manchmal bete ich noch kurz vor dem Start, im Stillen, nur für mich.

Während der alpinen Ski-Weltmeisterschaft 2011 in Garmisch ging es mir gesundheitlich ziemlich schlecht. Ich hatte mir eine fiebrige Infektion eingefangen. Eigentlich hätte ich gar nicht starten sollen, aber das hätte ich nicht fertiggebracht – nicht bei der Heim-WM! Also nahm ich Antibiotika, um wenigstens halbwegs wieder auf die Beine zu kommen. Und ich ging in das Kirchenzelt, das extra für die WM aufgebaut worden war. Dort sprach ich mit Pfarrer Martin Karras aus meiner Heimatpfarrgemeinde. Zusammen mit ihm bat ich Gott um Beistand, um Kraft und vor allem um Gesundheit. Am Ende gewann ich zwei Bronzemedaillen. Das war zwar weniger, als ich mir vor der WM erhofft hatte – angesichts meiner Erkrankung aber wiederum mehr, als ich erwarten konnte. Deshalb war ich auch glücklich darüber.

Pfarrer Karras war dann auch derjenige, der Marcus – meinen Mann – und mich im Frühjahr 2011 traute. Die katholische Hochzeit war uns beiden wichtig. Die Trauung fand in der Pfarrkirche Zum Heiligen Kreuz in Going statt, ganz in der Nähe von Kitzbühel, wo Marcus und ich jetzt wohnen. Zum Abschluss, sozusagen als Krönung, wurde das »Ave Maria« gespielt. Ich bekomme jetzt noch eine Gänsehaut, wenn ich daran denke. Es ist schwer, in Worte zu fassen, was mir die Trauung und überhaupt dieser Tag bedeuten. Es waren die schönsten Stunden in meinem bisherigen Leben.

Was das alles mit Papst Benedikt XVI. zu tun hat? Sehr viel. Er ist Gottes Vertreter auf Erden. Für mich war es ein großes Ereignis, als er Papst wurde. Sicher auch, weil er Deutscher ist und noch dazu aus Bayern stammt wie ich. Dadurch empfinde ich eine größere Verbundenheit – zu ihm als Stellvertreter Christi, aber auch zur katholischen Kirche überhaupt. Seit Joseph Ratzinger Papst ist, beschäftige ich mich bewusster mit meinem Glauben. Bestimmt auch, weil ich selbst älter und reifer geworden bin. Aber seine Wahl zum Papst war der Anlass, mich selbst genauer zu hinterfragen, wo ich eigentlich stehe und was mir wichtig ist im Leben.

Dass in der Vergangenheit auch kritische Stimmen zu Papst Benedikt XVI. laut wurden, schreckt mich nicht. Das Amt, das er innehat, ist zu groß, als dass er es immer jedem recht machen könnte. Ich muss auch nicht in allem mit ihm übereinstimmen, kann ihn als Papst – und als Mensch – aber trotzdem wertschätzen und Hochachtung für ihn empfinden. Das Leben ist ein Prozess, ständig ändert sich etwas. Deshalb kann auch Religion nichts Statisches sein. Nur die Grundfesten des Glaubens, die bleiben für mich gleich, genauso wie die Werte, die mir wichtig sind. Und beides bestimmt mein Leben. Deshalb ist Papst Benedikt XVI. so wichtig für mich. Wenn ich mir hier etwas wünschen dürfte, dann: ihn einmal persönlich zu treffen ...

Eine Illusion?

Warum eigentlich?

Vielleicht muss ich einfach nur ganz fest daran glauben.

# KURT KOCH

# Das ökumenische Lehramt von Papst Benedikt XVI.

## Ökumene als Teilhabe am Hohepriesterlichen Gebet Jesu

»Mit allen Kräften an der Wiederherstellung der vollen und sichtbaren Einheit aller Jünger Christi arbeiten«: Dies ist die »vorrangige Verpflichtung« des Nachfolgers des Petrus. Diese programmatischen Worte hat Papst Benedikt XVI. bereits in seiner ersten Botschaft nach seiner Wahl auf den Stuhl Petri ausgesprochen. Und verstärkend hat er hinzugefügt, er sei »bereit, alles in seiner Macht Stehende zu tun, um das grundlegende Anliegen der Ökumene zu fördern«[1]. Im Rückblick auf die mehr als sechs Jahre seines petrinischen Dienstes darf man dankbar feststellen, dass sich das ökumenische Anliegen gleichsam wie ein roter Faden durch sein Pontifikat zieht. Er erinnert in seinen vielen Homilien und Ansprachen nicht nur an die notwendige »Reinigung des Gedächtnisses« und erblickt in der »inneren Umkehr« die unabdingbare Voraussetzung für das Fortschreiten auf dem ökumenischen Weg. In seinen vielen Begegnungen mit Repräsentanten anderer christlicher Kirchen und Gemeinschaften übt er vielmehr bereits jetzt einen ökumenischen Primat aus und legt damit das Fundament für eine weitere ökumenische Verständigung über diese wichtige Frage, um zur vollen Einheit unter den Christen zu kommen.

◄ *Papst Benedikt übergibt das »Instrumentum Laboris« an Gregorius III., Patriarch der katholischen griechisch-melkitischen Kirche, Nikosia/Zypern, am 6. Juni 2010.*

Dieser klare ökumenische Akzent im päpstlichen Wirken kann nicht erstaunen, wenn man sich in Erinnerung ruft, dass sich Papst Benedikt XVI. bereits als Theologe wie als Kardinal um den Fortgang des ökumenischen Dialogs sehr bemüht und ihn mit hilfreichen theologischen Reflexionen bereichert hat. Es ist freilich im bescheidenen Rahmen dieses Beitrages nicht möglich, die vielfältigen Beiträge von Papst Benedikt zum ökumenischen Gespräch eingehend zu würdigen.[2] Ich konzentriere mich deshalb auf den innersten Kern seines ökumenischen Wirkens, den ich nirgendwo so tief und so klar ausgedrückt finde wie in seiner Auslegung des Hohepriesterlichen Gebetes Jesu, dass alle eins seien[3], im zweiten Teil seines Buches über Jesus von Nazareth[4]. Da in diesem Gebet die Bitte Jesu um die Einheit seiner Jünger einen besonderen Stellenwert einnimmt, kann christliche Ökumene in den Augen des Papstes letztlich nichts anderes sein als das Einstimmen der Kirche in das Hohepriesterliche Gebet Jesu und Einswerden mit ihm. Papst Benedikt XVI. hebt dabei ausdrücklich hervor, dass in diesem Gebet der Blick Jesu über die damalige Jüngergemeinschaft hinausging und sich auf alle richtete, die durch das Wort der Jünger glauben werden: »Der weite Horizont der kommenden Gemeinschaft der Glaubenden öffnet sich über die Generationen hin, die künftige Kirche ist in Jesu Gebet hineingenommen. Er bittet für die künftigen Jünger um Einheit.«[5] Und der Heilige Vater lässt seine theologische Meditation ausklingen in dem Spitzensatz, dass aus dem Gebet Jesu die Kirche entsprungen ist als die »Gemeinschaft derer, die auf das Wort der Apostel hin an Christus glauben«[6]. In diesem innersten Kern des Christusglaubens ist die ökumenische Vision von Papst Benedikt XVI. enthalten, die es jetzt in kurzen Zügen zu entfalten gilt.

## Keine weltliche, aber auch keine unsichtbare Einheit

An erster Stelle ist die Tatsache zu bedenken, dass Jesus selbst den Jüngern die Einheit nicht befiehlt und sie auch nicht von ihnen einfordert, sondern um sie betet. Aus dieser schlichten, aber grundlegenden Feststellung ergibt sich die Zentralität des Gebetes um die Einheit in allen ökumenischen Bemühungen von selbst. Mit dem Gebet um die Einheit bringen wir Christen unsere Glaubensüberzeugung zum Ausdruck, dass wir die Einheit nicht selbst machen und auch nicht selbst über ihre Gestalt und ihren Zeitpunkt befinden, sondern dass wir sie uns nur schenken lassen können, wie Papst Benedikt XVI. immer wieder in Erinnerung ruft: »Der beharrliche Aufruf zum Gebet für die volle Gemeinschaft unter den Jüngern des Herrn bringt die wahre und tiefste Ausrichtung der gesamten ökumenischen Suche zum Ausdruck, weil die Einheit vor allem Geschenk Gottes ist.«[7]

Aus der Betonung des Gebets um die Einheit als Grundlage oder, wie das Zweite Vatikanische Konzil es genannt hat, als »Seele der ganzen ökumenischen Bewegung«[8] könnte man den falschen Schluss ziehen, die Einheit der Kirche sei letztlich eine rein innere und unsichtbare Wirklichkeit. Demgegenüber betont Papst Benedikt, dass die Einheit der Kirche zwar nicht aus der Welt kommen kann und insofern kein weltliches Phänomen ist, dass sie aber in dieser Welt sichtbar sein muss. Die Einheit muss von der Art sein, dass die Welt sie erkennen und dadurch zum Glauben kommen kann: »Das nicht von der Welt Kommende kann und muss durchaus etwas in der Welt und für die Welt Wirksames und auch für sie Wahrnehmbares sein. Die Zielsetzung der Einheitsbitte Jesu ist gerade, dass durch die Einheit der Jünger für die Menschen die Wahrheit seiner Sendung sichtbar wird.«[9] Papst Benedikt betont sogar, dass durch die Einheit der Jünger hindurch, die zwar nicht von der Welt kommen und auch menschlich nicht erklärt werden kann, die aber in der Welt sichtbar sein muss, »Jesus selbst legitimiert« werde: »Es wird sichtbar, dass er wirklich der ›Sohn‹ ist.«[10]

Mit der starken Betonung der Sichtbarkeit der Einheit der Kirche, und zwar konkret im gemeinsamen Glauben, in den Sakramenten und in den kirchlichen Diensten, kommt auch die grundlegende ökumenische Verantwortung aller Christen an den Tag. Sie besteht darin, in der heutigen Welt den lebendigen Gott zu bezeugen und das menschliche Antlitz Gottes, das er in Jesus Christus uns zu erkennen gegeben hat, sichtbar zu machen, wie es der eigentlichen Sinnrichtung des Hohepriesterlichen Gebetes Jesu um die Einheit der Jünger entspricht: »(...) *damit* die Welt erkennt, dass du mich gesandt hast und die Meinen ebenso geliebt hast wie mich« (Joh 17,23). Mit diesem Finalsatz kommt unmissverständlich zum Ausdruck, dass die Einheit unter den Jüngern Jesu kein Selbstzweck in sich ist, sondern der Glaubwürdigkeit der Sendung Jesu und seiner Kirche in der Welt dient. Die vom Heiligen Vater in besonderer Weise geförderte neue Evangelisierung muss deshalb eine ökumenische Dimension haben, auf die Papst Benedikt bereits bei der Ankündigung der Gründung des neuen Rates zur Förderung der Neuevangelisierung in der ersten Vesper des Hochfestes der Apostel Petrus und Paulus im Jahre 2010 bewusst hingewiesen hat: »Die Herausforderung der Neuevangelisierung ruft die universale Kirche auf den Plan und macht es auch erforderlich, dass wir mit aller Kraft fortfahren, nach der vollen Einheit unter den Christen zu suchen.«[11] Insofern die neue Evangelisierung darin besteht, Menschen zum Gottesgeheimnis hinzuführen und sie in eine persönliche Gottesbeziehung einzuführen, muss im Mittelpunkt aller Neuevangelisierung die Gottesfrage stehen, die wir ökumenisch zu verantworten haben, und zwar in der Überzeugung, dass sie nicht ein »menschliches Expansionsvorhaben« ist, sondern dem Wunsch entspricht, »das unschätzbare Geschenk zu teilen, das Gott uns machen wollte, indem er uns an seinem eigenen Leben teilhaben ließ«[12].

## Unterwegs zu Christus auf dem Weg zur Einheit

Von daher wird vollends deutlich, dass für Papst Benedikt die Einheit der Jünger und damit auch die Einheit der Kirche zutiefst im Glauben an Gott und an seinen Sohn, den er gesandt hat, begründet ist. Ein solcher Glaube ist dabei freilich mehr als ein Wort oder nur eine Idee; er ist vielmehr existenzielles Eintreten in die Gemeinschaft mit Jesus Christus und durch ihn mit dem Vater: »Er ist der eigentliche Grund der Jüngergemeinschaft, die Grundlage für die Einheit der Kirche.«[13] Dieser Glaube an Gott ist zwar gewiss unsichtbar; er wird aber, weil sich die einzelnen Glaubenden an den einen Christus binden, Fleisch und fügt die einzelnen Glaubenden zu einem wirklichen Leib zusammen.

Wie sehr der Glaube an Christus der alles tragende Grund der ökumenischen Einheit ist, hat Papst Benedikt in einer früheren Publikation in einer schönen Weise mit Solowjews »Kurze Erzählung vom Antichrist« verdeutlicht. In dieser wird zum Ausdruck gebracht, dass auf der einen Seite im Augenblick der letzten Entscheidung vor Gott sichtbar werden wird, dass in allen drei Gemeinschaften, nämlich bei Petrus, Paulus und Johannes, Parteigänger des Antichristen leben, die mit ihm gemeinsame Sache machen, dass es aber auch wahre Christen gibt, die dem Herrn bis in die Stunde seines Kommens hinein die Treue halten, dass sich aber auf der anderen Seite vor dem Angesicht des wiedergekommenen Christus die Getrennten um Petrus, Paulus und Johannes als Brüder erkennen werden. Mit dieser Erzählung will Solowjew gemäß der Interpretation des Papstes in keiner Weise die Einheit der Jünger ans Ende der Tage verschieben oder gar ins Eschatologische vertagen. Für Papst Benedikt ist das Eschatologische ohnehin nichts weniger als das »eigentlich Wirkliche«, das einmal offenbar machen wird, was immer schon unser Leben prägt: »Was im Licht des wiederkommenden Christus sichtbar wird, enthüllt die Wahrheit unserer Zeit, einer jeden Zeit.« Die endgültige Scheidung zwischen den Parteigängern des Antichristen und den treuen Gefährten Christi wird zwar gewiss erst am Tage der Ernte geschehen. Da aber das ewige Leben das eigentliche Leben ist, sollten Christen einander bereits jetzt »mit dem eschatologischen Blick« begegnen, in dem Petrus, Paulus und Johannes unlösbar zusammengehören. Christliche Ökumene bedeutet von daher in den Augen des Papstes nichts anderes, »als schon jetzt im eschatologischen Licht leben, im Licht des wiederkehrenden Christus«[14].

## Als Getrennte bereits heute eins sein

Indem der Heilige Vater die Ökumene im Licht ihrer Vollendung wahrnimmt, mutet er uns die Einsicht zu, dass wir die Vorläufigkeit unseres eigenen Tuns erkennen und nicht der Versuchung verfallen, selbst machen zu wollen, was nur der wiederkehrende Christus bewirken kann. In diesem Licht betrachtet heißt Ökumene schlicht, aber elementar: Wenn wir gemeinsam unterwegs zum wiederkehrenden Christus sind, dann sind wir auch unterwegs zur Einheit untereinander. In diesem eschatologischen Blick legt Papst Benedikt XVI. sogar den großen Mut an den Tag, in den historischen Kirchenspaltungen nicht nur menschliche Sünde am Werk zu sehen, sondern im Sinne des gewiss geheimnisvollen Wortes des Apostels Paulus, dass Spaltungen »sein müssen« (1 Kor 11,19), auch eine Dimension wahrzunehmen, »die einem göttlichen Verfügen entspricht«. In dieser Sicht des Glaubens setzt sich der Papst immer wieder dafür ein, Einheit zunächst »*durch* Verschiedenheit« zu finden. Dies bedeutet genauerhin, die Spaltungen zu entgiften, in ihnen auch das Fruchtbare wahrzunehmen und gerade von der Verschiedenheit Positives zu empfangen, allerdings in der »Hoffnung, dass am Ende die Spaltung überhaupt aufhört, Spaltung zu sein und nur noch ›Polarität‹ ohne Widerspruch ist«[15]. Denn die wahre Liebe »löscht legitime Unterschiede nicht aus, sondern bringt sie miteinander in Einklang in einer höheren Einheit, die nicht *von außen* auferlegt wird, sondern die *von innen* heraus dem Ganzen sozusagen Form verleiht«[16].

Von daher lässt sich auch erahnen, in welcher Sinnrichtung Papst Benedikt die wiederzugewinnende sichtbare ökumenische Einheit der Kirche denkt, nämlich im Sinne einer Einheit von Kirchen, die zwar Kirchen bleiben und doch eine Kirche werden: Das eigentliche Ziel aller ökumenischen Bemühungen wird darin bestehen müssen, »den Plural der voneinander getrennten Konfessionskirchen in den Plural von Ortskirchen umzuwandeln, die in ihrer Vielgestalt real eine Kirche sind«[17]. Solange uns aber diese sichtbare Einheit der Kirche noch nicht geschenkt ist, ist es dem Heiligen Vater ein wichtiges Anliegen, dass wir auch als Getrennte bereits eins sein können, nämlich im gemeinsamen Glauben an Christus. Denn die Ökumene kann nur in die Breite wachsen, wenn wir uns gemeinsam im Christusglauben verwurzeln, damit sich die Ökumene in der Tiefe des Glaubens verwurzeln kann.

## Christologischer Grund der ökumenischen Einheit

In dieser Tiefe des Glaubens befindet man sich bereits im Lebensraum der Ökumene. Hier scheint denn auch der tiefste Grund auf, dass Papst Benedikt die Ökumene nicht zwischenmenschlich oder philanthropisch, sondern entschieden christologisch begründet und deshalb im Hohepriesterlichen Gebet Jesu die Stiftung der Kirche und ihrer Einheit wahrnimmt. Denn, so fragt er, »was ist Kirche anderes als die Gemeinschaft der Jünger, die durch den Glauben an Jesus Christus als den Gesandten des Vaters ihre Einheit empfängt und hineingehalten ist in die Sendung Jesu, die Welt zur Erkenntnis Gottes zu führen und sie so zu retten«[18]? Da zum Christ-Sein das Wir-Sein in der Gemeinschaft der Jünger Jesu konstitutiv gehört, stellt sich uns die Frage der Ökumene als Ernstfall des Christusglaubens von selbst. Wie das Hohepriesterliche Gebet Jesu »nicht nur Wort«, sondern »Akt« ist, in dem er sich für das Leben der Welt »opfert«, und wie im Gebet Jesu das grausame Geschehen des Kreuzes zum »Wort«, zum »Versöhnungsfest zwischen Gott und Welt« wird[19], so hat auch heute Ökumene ihren Preis und ist ohne »Opfer« nicht glaubwürdig. Ökumenische Einheit und Opfer gehören deshalb in dem Sinn zusammen, dass das Opfer der Versöhnung und der Wiederherstellung der zerbrochenen Einheit dient.

Damit öffnet sich zugleich der weiteste Horizont der ökumenischen Verpflichtung, weil die Universalität der Sendung Jesu an die Welt als ganze, an den Kosmos adressiert ist und weil die ökumenische Suche nach der Einheit der Jünger im Dienst der Einheit der Menschheit und ihrer Einheit mit Gott steht. Zu diesem universalen Horizont leitet die ökumenische Vision von Papst Benedikt XVI. gerade deshalb an, weil sie ganz und gar christologisch fundiert ist. Insofern bietet Papst Benedikt den schönen Tatbeweis, dass nicht nur derjenige ökumenisch handelt, der dieses Wort ständig im Mund führt, sondern in erster Linie derjenige, der sich, auch ohne das Wort zu verwenden, in die Tiefe des Christusglaubens begibt und in ihm die gemeinsame Quelle für die Einheit der Kirche findet. Indem Benedikt den ökumenischen Auftrag des Ringens um die sichtbare Einheit der Jünger im Christusbekenntnis verwurzelt, ist er von einer christologischen Vision der Ökumene getragen und ist christliche Ökumene wirklich Teilhabe am Hohepriesterlichen Gebet Jesu.

Von daher liest sich Benedikts meisterhafte Interpretation dieses Gebetes Jesu wie eine konzise Zusammenfassung seines ökumenischen Wirkens, das gerade darin wahrhaft ökumenisch ist, dass es christozentrisch orientiert ist. Und indem Papst Benedikt in seiner ganzen Verkündigung Christus in den Mittelpunkt stellt, erweist er sich als der große Ökumeniker in der heutigen Zeit. In diesem Geist hat er auch der aufreibenden Arbeit seines Papstamtes die Zeit abgerungen, um sein Buch über Jesus von Nazareth zu schreiben, das man als Christusbekenntnis des Nachfolgers des Petrus verstehen darf und mit dem er nicht nur unserer Kirche, sondern auch der ganzen Ökumene ein großes Geschenk gemacht hat, wie Pfarrer Gottfried Locher, Präsident des Schweizerischen Evangelischen Kirchenbundes, mit Recht hervorgehoben hat: »Benedikt XVI. legt ein Buch vor, welches das Potential in sich trägt, die Ökumene zu mehr Einheit zu bringen, indem es in Erinnerung ruft, in wessen Nachfolge alle stehen, die sich Christen nennen.«[20]


## Ökumene als heilige Pflicht des Papstes

Mit seinem ökumenischen Engagement lebt Papst Benedikt XVI. in exemplarischer Weise vor, worin die ökumenische Verantwortung jedes Bischofs in der katholischen Kirche besteht, die der *Codex Iuris Canonici* mit den folgenden Worten umschreibt: »Gegenüber den Brüdern, die nicht in der vollen Gemeinschaft mit der katholischen Kirche stehen, hat er Freundlichkeit und Liebe walten zu lassen und den Ökumenismus zu fördern, wie er von der Kirche verstanden wird.«[21]

Damit kommt erstens zum Ausdruck, dass die Förderung des ökumenischen Anliegens im Hirtendienst des Bischofs selbst impliziert ist, der wesentlich Dienst an der Einheit ist, die aber weiter zu verstehen ist als die Einheit der eigenen Diözesangemeinschaft, die vielmehr auch und gerade die getauften Nichtkatholiken umfasst. Indem die ökumenische Verantwortung des Bischofs mit den Worten ausgedrückt wird, er habe gegenüber den »Brüdern, die nicht in der vollen Gemeinschaft mit der katholischen Kirche stehen«, »Freundlichkeit und Liebe walten zu lassen«, wird zweitens ein eindeutiges Schwergewicht auf den »Dialog der Liebe« gelegt. Da dieser den »Dialog der Wahrheit« nicht ersetzen kann, wohl aber die unabdingbare Voraussetzung für ihn bildet, ist der Bischof drittens verpflichtet, den Ökumenismus so zu fördern, »wie er von der Kirche verstanden wird«.

Mit diesen drei Wegweisungen kommt zum Ausdruck, dass der Hirtendienst des Bischofs an der Einheit der eigenen Kirche und sein ökumenischer Hirtendienst an der Wiedergewinnung der Einheit der Kirche unlösbar zusammengehören und dass beide Dimensionen Dienst am Glauben an Jesus Christus sind. Dass Papst Benedikt XVI. als Bischof von Rom diese ökumenische Verpflichtung in so exemplarischer und glaubwürdiger Weise wahrnimmt, dafür dürfen und müssen wir dankbar sein. Und in seinem Namen und Auftrag im Dienst an der Ökumene stehen zu dürfen, ist für mich Freude und Ehre, aber auch Herausforderung und Verpflichtung.

# Anmerkungen

1  Benedetto XVI, Messaggio alla Chiesa Universale al termine della Santa Messa con i Cardinali Elletori nella Cappella Sistina, in: *Insegnamenti di Benedetto XVI,* I, 2005 (Città del Vaticano 2006), S. 1–7.

2  Vgl. die vielfältigen Stimmen zum theologischen Denken von Papst Benedikt XVI. aus der Welt der Ökumene: K. Nikolakopoulos (Hrsg.), *Benedikt XVI. und die Orthodoxe Kirche. Bestandsaufnahmen, Erwartungen, Perspektiven* (St. Ottilien 2008); W. G. Rusch (Hrsg.), *The Pontificate of Benedict XVI. Its Premises and Promises* (Michigan 2009); W. Thiede (Hrsg.), *Der Papst aus Bayern. Protestantische Wahrnehmungen* (Leipzig 2010). Vgl. ferner Th. Maassen, *Das Ökumeneverständnis Joseph Ratzingers* (Göttingen 2011).

3  Vgl. K. Koch, Christliche Ökumene im Licht des Betens Jesu. Jesus von Nazareth und die ökumenische Sendung, in: J.-H. Tück (Hrsg.), *Passion aus Liebe. Das Jesus-Buch des Papstes in der Diskussion* (Mainz 2011), S. 19–36.

4  J. Ratzinger – Benedikt XVI., *Jesus von Nazareth. Zweiter Teil: Vom Einzug in Jerusalem bis zur Auferstehung* (Freiburg 2011), S. 100–119.

5  Ebd., S. 111.

6  Ebd., S. 119.

7  Benedetto XVI, Progressi e difficoltà nel cammino ecumenico. La catechesi dell'udienza generale il 20 gennaio 2010, in: *Insegnamenti di Benedetto XVI,* VI, 1, 2010 (Città del Vaticano 2011), S. 95–100.

8  Unitatis redintegratio, Nr. 8.

9  Ebd. (Anm. 4), S. 113–114.

10  Ebd., S. 114.

11  Benedetto XVI, La Chiesa è un'immensa forza rinnovatricce. La celebrazione dei primi vespri della solennità dei Santi Pietro e Paulo il 28 guigno 2010, in: *Insegnamenti di Benedetto XVI*, VI, 1, 2010 (Città del Vaticano 2011), S. 984–987, zit. S. 987.

12  Benedikt XVI., Motu proprio *Ubicumque et semper.*

13  Ebd. (Anm. 4), S. 115.

14  J. Kardinal Ratzinger, Zur Lage der Ökumene, in: Ders., *Weggemeinschaft des Glaubens. Kirche als Communio* (Augsburg 2002), S. 220–234, zit. S. 233–234.

15  J. Kardinal Ratzinger, Zum Fortgang der Ökumene, in: Ders., *Kirche, Ökumene und Politik. Neue Versuche zur Ekklesiologie* (Einsiedeln 1987), S. 128–134, zit. S. 131.

16  Benedetto XVI, L'omelia durante i secondi vespri della festa della conversione di San Paolo Apostolo il 25 gennaio 2006, in: *Insegnamenti di Benedetto XVI,* II, 1, 2006 (Città del Vaticano 2007), S. 106–110, zit. S. 107.

17  J. Kardinal Ratzinger, Luther und die Einheit der Kirchen, in: Ders., *Kirche, Ökumene und Politik. Neue Versuche zur Ekklesiologie* (Einsiedeln 1987), S. 97–127, zit. S. 114.

18  Ebd. (Anm. 4), S. 119.

19  Ebd.

20  G. W. Locher, So ändern sich die Zeiten. Das Jesus-Buch in reformierter Lesart, in: Th. Sö-
    ding (Hrsg.), *Ein Weg zu Jesus. Schlüssel zu einem tieferen Verständnis des Papstbuches* (Freiburg
    2007), S. 53–67, zit. S. 53.

21  Can. 383, § 3 CIC.

# CHRISTINE LIEBERKNECHT

# Ein Besuch mit prägender Kraft

## Reflexionen der Thüringer Ministerpräsidentin

Am 23. und 24. September 2011 besuchte Papst Benedikt XVI. den Freistaat Thüringen und feierte im eichsfeldischen Etzelsbach eine Marienvesper und auf dem Erfurter Domplatz eine heilige Messe.

Als Ministerpräsidentin des Freistaats Thüringen war es mein Privileg, den Heiligen Vater unmittelbar nach Ankunft am Flughafen Erfurt-Weimar zu begrüßen. Mit großer Spannung habe ich diesen Augenblick erwartet.

Bei der Begegnung mit dem Heiligen Vater ging es mir um die Verbindung zwischen Theologie und Regierungsamt. Es ging um dringliche Fragen: Wo finden wir als Politiker, im Dienst für die Menschen, die ethische Fundierung unseres Handelns? Wie können wir das Verhältnis von Vernunft und Glaube bestimmen? Welche Dialoge sollen wir anstoßen und welche alten Lehrmeinungen überdenken? Welches politische Handeln bestimmt unseren Weg? Papst Benedikt XVI. antwortete, dass wir nicht nur, indem wir auf die Vernunft setzen, gute Politik betreiben. Es gehe in einer Zeit, in der wir von Problem zu Problem hetzen, um ethische Grundlinien, ja, auch um Glauben, um die Rückbesinnung auf eine »höhere Instanz«. Jeder Einzelne sei aufgerufen, die Wahrhaftigkeit seines Tuns zu erkennen. Und insbesonde-

◄ *Die Thüringer Ministerpräsidentin Christine Lieberknecht empfängt*
*Papst Benedikt XVI. am 23. September 2011 auf dem Flughafen Erfurt-Weimar.*

re Politiker seien gefordert, ihre Entscheidungen auch moralisch zu durchdenken.

Jeder der 120 000 Pilger, der Thüringen besuchte, wird den Papstbesuch für sich reflektieren und daraus Sinnhaftigkeit für sein eigenes Leben entdecken. Wenn ich heute zurückschaue, dann erscheint mir der Besuch des Papstes immer noch sehr präsent und nach wie vor prägend. Im November 2010 erreichte uns die sichere Nachricht, dass Papst Benedikt XVI. Thüringen besuchen werde. Und ich muss zugeben, bei aller Erwartung im Vorfeld standen meine Gedanken doch für einen Moment still. In der 2000-jährigen Kirchengeschichte und vor allem seit der Reformation vor fast 500 Jahren sollte es das erste Mal sein, dass ein Papst thüringischen Boden betritt. Mir war bewusst, dass dieser Besuch für Thüringen und für die Menschen hier ein Jahrhundertereignis mit prägender Kraft bedeutet. Ich war überwältigt, einfach glücklich. Zum damaligen Zeitpunkt konnte keiner absehen, welche Wirkung der Besuch des Papstes bei den Menschen in Thüringen entfalten würde.

Allein die große Schar der 6000 Helferinnen und Helfer, die im Einsatz für den Papstbesuch in Thüringen waren, spricht für sich. 6000 Menschen – das kommt schon fast einer thüringischen Kleinstadt nahe. Wobei es sicher ratsam ist, auch die hauptamtlichen Helfer unter dem honorierenden Zeichen des Ehrenamts zu sehen. Viele haben letztlich gar nicht mehr zwischen Arbeit und freier Zeit unterschieden. Abende, Wochenenden, Feiertage – alles lief unter dem Vorzeichen des Papstbesuchs, zusätzlich zu dem normalen Tagesgeschäft. Selbst ein gewisser charmanter Humor konnte sich entfalten, wenn polizeilich vom »Schutzbefohlenen« gesprochen wurde. Es war eine gute Zeit. Es war eine Zeit des intensiven Miteinanders, der Gemeinsamkeiten, des Friedens, der Einigkeit und der Solidarität, genauso, wie es Papst Benedikt XVI. später in seinen Reden einforderte.

Über zehn Monate wurden Stabsrunden, Protokoll- und Sicherheitsarbeitsgruppen, Vorausreisen mit und ohne Vertreter des Vatikans durchgeführt, Beschilderungskonzepte und Klapphocker für die Pilger entworfen, Kabelbrücken ausprobiert und die Platzierung der Stellplätze und des Medienzentrums überlegt. Es gab Protokollabstimmungen bis ins kleinste Detail, General- und Kolonnenproben. Die Messe in Erfurt und die Marienvesper in Etzelsbach wurden vorbereitet, nicht zu vergessen: die ökumenische Begegnung im Augustinerkloster, die erst später in das Programm aufgenommen wurde. Weitere Abstimmungen kamen hinzu – diesmal mit der Evangelischen Kirche in Deutschland und der Evangelischen Kirche in Mitteldeutschland – zahlreiche Parallelprogramme mussten miteinander in Einklang gebracht werden. Dabei waren gerade jene Momente die besonderen, in denen eben nicht alles reibungsfrei lief. Denn genau das hat verbunden, hat die Menschen zusammengeführt, vereint.

Zum Besuch selbst gäbe es so viele *kleine* Geschichten zu jener *großen* Geschichte zu erzählen. Eine Auswahl fällt mir schwer. Ich erinnere mich zum Beispiel daran, dass die Papstlimousine am Vortag des großen Ereignisses bei den Kolonnenproben an der Stoßstange einen Schaden nahm. Über Nacht musste spontan ein neuer gepanzerter Wagen organisiert werden. Und wie oft wurde die Ankunft des Heiligen Vaters am Flughafen in Erfurt besprochen und geprobt. Ich selbst habe an der letzten, entscheidenden Probe teilgenommen. Jedes noch so kleine Detail schien beschlossen: Dass am Ende der Heilige Vater im sogenannten VIP-Raum, in dem unser Vieraugengespräch stattfand, vor der Thüringen-Fahne Platz nahm und mir sozusagen der »Heilige Stuhl« blieb, war Ausdruck der selbstverständlichen Spontaneität von Papst Benedikt XVI.

Auch beim zeitlichen Ablauf gab es kreative Momente. Das Programm war bis auf die Minute verplant und in seinem Ablauf, zumindest für mich, durchaus »sportlich«. So musste ich mich beeilen, vom Flughafen noch vor der Papstkolonne zum Dom zu kommen, und dann wieder vom Dom zum Augustinerkloster – ebenfalls *vor* dem Papst. Das war gelungen, wenn auch etwas anders als gedacht: Ich hatte gerade im Hof des Augustinerklosters dem ZDF ein Live-Interview gegeben, als direkt hinter mir der Heilige Vater aus seinem Wagen stieg und der Posaunenchor das Begrüßungslied anstimmte. Nicht nur das ZDF hat sich darüber gefreut. Millionen von Zuschauern konnten das genauso miterleben.

Doch bei allen Ereignissen waren die einprägsamsten Momente stets jene, bei denen Papst Benedikt XVI. zu den Menschen sprach. Der Inhalt der päpstlichen Reden ist nach meiner Einschätzung zeitlos und quasi nicht verhandelbar. Benedikt XVI. hat uns gesagt: Die Politik ist nicht in Gunst entlassen. Im Gegenteil: »Freiheit braucht die Rückbindung an eine höhere Instanz« – das gilt auch für die politische Freiheit. Es gibt Werte, die durch nichts und niemanden manipulierbar sind. Unsere Politik und der Grund für all unser Tun wird daran gemessen, inwieweit wir uns um christliche Werte bemühen: um Freiheit, Frieden, Gerechtigkeit, Solidarität und die Subsidiarität, also das Denken in kleinen Einheiten und Strukturen. Das hat der Papst letztlich selbst vorgelebt, indem er den Christen in Thüringen seinen hohen Respekt zollte. Denn er traf, das dürfen wir nicht aus den Augen verlieren, in Thüringen auch auf eine weitgehend säkularisierte Gesellschaft. Der Anteil der Katholiken an der Thüringer Gesamtbevölkerung liegt bei rund 7,8 Prozent, evangelisch getauft sind rund 24 Prozent. Rund zwei Drittel der Bevölkerung gehören keiner Konfession an. Umso symbolträchtiger war schließlich auch sein Besuch im Eichsfeld. 92 000 Pilger kamen auf die Pilgerwiese, die 25 Hektar umfasste. Ein Hektar entspricht etwa einem Fußballfeld. Das Interesse der Eichsfelder war enorm. Wie kaum eine andere Region hat das katholische Eichsfeld unter der deutschen Teilung und dem DDR-System gelitten. Der Papstbesuch war die Anerkennung für den standhaften Glauben der Menschen zu DDR-Zeiten. »Ihr habt hier in Thüringen eine braune und rote Diktatur ertragen müssen, die für den christlichen Glauben wie saurer Regen wirkte« – so der Originalton des Papstes. Er hat die Menschen in ganz Ostdeutschland gewürdigt, auch dafür, dass wir gemeinsam den Weg einer *friedlichen* Revolution gegangen sind. Und auch wenn der Freistaat mit 158 000 Katholiken eher eine katholische Enklave ist, so ist Thüringen doch ein urchristliches Land. Große Persönlichkeiten wie Bonifatius, die heilige Elisabeth und Martin Luther haben Thüringen geprägt. Im Geiste dieses christlichen Erbes gab sich auch Thüringen in der Verantwortung vor Gott seine Verfassung. Nicht zuletzt der weltweit beachtete »Jüdische Schatz« zeigt die jüdisch-christlichen Wurzeln des Freistaats Thüringen.

Der Besuch des Papstes eröffnete viele weitere Perspektiven, Blickwinkel und Einzelaspekte für unsere Thüringer Heimat. Seine thematische Vielfalt und vor allem die geistige Bandbreite des Papstbesuchs werden noch Inspiration für zahlreiche Debatten sein. Wir haben den Besuch als Chance begriffen, so viel Kraft zur Reflexion und Mut zur geistigen Erneuerung, wie nur möglich ist, in uns aufzunehmen – und zwar langfristig und dauerhaft. Ich rufe immer wieder dazu auf, den Besuch vom September 2011, die Signale und Botschaften, die von diesem Besuch ausgingen, für das eigene Handeln im privaten, beruflichen und politischen Bereich zu nutzen.

Ich stelle heute – einige Monate später – fest: Der Papstbesuch wirkt in Thüringen nachhaltig. Noch heute erreichen mich Briefe oder sprechen mich Menschen an, die, angeregt vom Besuch des Heiligen Vaters, über Nächstenliebe, Gerechtigkeit und Solidarität nachdenken. Der Papst hat zu vielen Fragen Anstoß gegeben. Das ist ein großer Gewinn, den wir in Thüringen aus seinem Besuch schöpfen können: Dieser Besuch war und ist auch von Menschen, die der Kirche eher fernstehen, als etwas ganz Besonderes begriffen worden.

Die Pilgerstätte Etzelsbach zum Beispiel wird schon in diesem Jahr zum ersten Jahresgedenken an den Besuch von Papst Benedikt XVI. einladen, mit einem Festgottesdienst und einem Eichsfelder Chortreffen. Später soll es immer an diesem Tag um 17 Uhr ein jährliches Gedenken mit einer Marienvesper geben. Pilger aus Japan, Russland und Österreich haben schon angefragt. Im Eichsfeld arbeitet man an einem neuen Gastgeberverzeichnis, um künftig Pilger und Gäste zu empfangen. Daneben gibt es inzwischen mehrere hervorragende Bildbände, unter anderem herausgegeben von den beiden großen regionalen Tageszeitungen *Thüringer Allgemeine* und *Thüringische Landeszeitung*. Der

Untertitel des Bandes »Ökumene in Erfurt – Heimspiel im Eichsfeld« fasst die Eindrücke Tausender Thüringer in Worte. Die Bilder sind einprägsam festgehalten: Aus allen Himmelsrichtungen sind die Menschen stundenlang über die Fluren gepilgert. Sie haben eine die Herzen und die Seelen bewegende Marienvesper erlebt. Das waren beeindruckende Momente, festgehalten in diesem Bildband.

Oft wird gefragt, was bleibt? Was bleibt, sind die Bestärkungen im Glauben, dass das Christliche unverzichtbares Fundament unseres gesellschaftlichen, kulturellen, sozialen, wirtschaftlichen und politischen Zusammenlebens in unserem demokratischen Rechtsstaat ist. Was bleibt, sind die Impulse, die die Ökumene mit dem Besuch eines Papstes im Kernland der Reformation erfahren hat. Was bleibt, sind Tausende Eindrücke, die immer wieder dann ihre Kraft entfalten, wenn wir zurückschauen und uns an zwei wunderbare, gottbeseelte Tage erinnern. Beim großen Propheten Jeremia spricht Gott: »Ich will euch eine Zukunft und eine Hoffnung geben« (Jer 29,11). In einer von Orientierungslosigkeit geprägten Zeit brauchen die Menschen Perspektiven. Sie brauchen Ziele und Hoffnungen. Unter keinem treffenderen Motto hätte der Besuch Benedikts XVI. stehen können: »Wo Gott ist, da ist Zukunft.« Unser Weg in die Zukunft kann nur ein Glaubensweg sein.

Thüringen wünscht Papst Benedikt XVI. Gottes Segen zum 85. Geburtstag. Wir danken dem Heiligen Vater für seinen Besuch und für die Kraft, die Herzlichkeit, Zuwendung und Inspiration, die er unserem Land und den Menschen gegeben hat.

# REINHARD MARX

# Geburtstagsgrüße aus München

Als die Nuntiatur in Berlin mich im November 2007 anrief und mir mitteilte, dass der Papst mich zum Erzbischof von München und Freising ernannt hatte, ging mir sofort durch den Kopf: Dann wirst du in gewisser Weise sein Nachfolger auf dem Stuhl des heiligen Korbinian. Mir war klar, dass das eine besondere Herausforderung ist und ein großer Vertrauensbeweis. Das bedeutet für mich ganz selbstverständlich auch, dass ich mich noch intensiver mit der Person und der Theologie des Papstes beschäftige. Die persönlichen Begegnungen mit ihm haben durch diese Verbundenheit eine besondere Note bekommen, eine quasi heimatliche Verbindung zwischen einem wirklichen und einem eingebürgerten Bayern. Deshalb sende ich mit diesem kleinen Beitrag besonders gerne herzliche Geburtstagsgrüße aus München über die Alpen, vom 73. Nachfolger des heiligen Korbinian zum 71. Nachfolger: *Feliciter! Feliciter! Feliciter!*

Einige Anmerkungen sollen diesen Gruß vertiefen und verdeutlichen.

## Der theologische Papst

Das Leben Papst Benedikts XVI. ist zutiefst geprägt von der Theologie. Er bewohnt das große und faszinierende Haus der katholischen Theologie mit Freude und in großer Selbstverständlichkeit. Sowohl das

wissenschaftliche Instrumentarium wie der Inhalt der Theologie sind ihm tägliche Wegbegleiter. Dabei hat er die großartige Fähigkeit, diese Theologie in einfacher und faszinierender Sprache zu entfalten, die gleichzeitig von wissenschaftlicher Qualität wie von Offenheit für das immer größere Geheimnis Gottes geprägt ist. Ohne Zweifel: Der Papst ist einer der ganz großen Theologen auf dem Stuhl Petri.

Als ich mich auf das Theologiestudium vorbereitete – ich war achtzehn Jahre alt und hatte gerade meine Abiturprüfung bestanden –, kaufte ich mir als erstes theologisches Buch: »Einführung in das Christentum« von Joseph Ratzinger. Das war im Jahr 1972. Insofern hat mein eigenes theologisches Denken von Anfang an mit der Theologie des Papstes zu tun. Denn in all den Jahren bis heute sind die Bücher und Artikel des jetzigen Heiligen Vaters immer wieder wichtige, ja entscheidende Quellen der Inspiration für mein eigenes Denken und Handeln geblieben. Gerade in den verwirrenden Siebzigerjahren war für uns Studenten die Theologie Joseph Ratzingers ein sicherer Orientierungspunkt, weil sie wissenschaftlich fundiert, katholisch orientiert und geistlich tief war und ist. Dieser Dreiklang ist ja für die Theologie eigentlich eine Selbstverständlichkeit, aber ich habe sie bei kaum einem Theologen so gefunden wie bei Benedikt XVI.


## Der staunende Papst

Während eines Mittagessens mit dem Papst im Apostolischen Palast unterhielten wir uns einmal über die Schwierigkeit, den Papst zu malen oder eine Papstbüste zu gestalten. Ich meinte, dass es ja nicht nur auf die größtmögliche Ähnlichkeit ankomme, sondern auch darauf, künstlerisch das Besondere, das Charakteristische einer Person, eben hier der Person des Papstes, auszudrücken. Ich wies darauf hin, dass mir

◄  *Der Papst während der Eucharistiefeier auf dem Islinger Feld in Regensburg am 12. September 2006.*

besonders Bilder gefallen, die den Papst in einer – so meine ich – für ihn sehr »typischen« und ihn »charakterisierenden« Haltung zeigen: staunend. Manchmal ist dieses Staunen bei ihm auch mit einem Element der Überraschung verbunden.

Das Staunen ist ja eigentlich eine Grundvoraussetzung für das theologische und philosophische Denken. Das innere und manchmal dann auch sichtbar das äußere Auge wird weit geöffnet für das eigentlich unvorstellbare Geheimnis der Schöpfung, des Lebens, letztlich für das Geheimnis Gottes selbst. Nie hat dieser Papst die Fähigkeit zum Staunen verloren und deshalb bleibt er neugierig auf das, was noch kommt. Sehr lebhaft erinnere ich mich an eine Meditation des Heiligen Vaters, die er den deutschen Bischöfen in Köln vorgetragen hat, am Ende des Weltjugendtages 2005. Er bezog sich, wie so oft, auf den heiligen Augustinus und seine Psalmenerklärung, in der es um Suchen und Finden geht, das in alle Ewigkeit weitergeht. Dass wir im Leben mit und im geheimnisvollen, dreifaltigen Gott je neu im Heiligen Geist durch Christus zum Vater gehen, suchend und findend, das wird in Ewigkeit immer gleich sein. Man spürte beim Vortrag des Papstes seine innere Bewegung, seine Freude, seinen überzeugenden Glauben.


## Der heimatverbundene Papst

Erst fern der Heimat merkt man – so jedenfalls geht es mir –, was Heimat bedeutet. Westfalen wie ich sind in der Regel tief verwurzelt in ihrer Heimat und natürlich stolz auf ihre Herkunft. Das gilt aber eben auch für die Altbayern. Der Papst ist in einem lebendigen Interesse mit seiner Heimat verbunden. Er freut sich, wenn er bayerisch sprechen kann, er kennt sich großartig aus in der Geschichte und Gegenwart Bayerns, besonders in seiner engeren Heimat. Das spüren die Menschen hier in Bayern auch über den engeren kirchlichen Bereich hinaus, und deswegen gibt es eine ganz intensive und herzliche Beziehung der Bayern zu ihrem Papst. Als Nachfolger auf dem Stuhl des heiligen Korbinian ist das für mich nicht immer leicht, da der Papst natürlich viel besser und genauer die Geschichte des Erzbistums und die Geschichte ganz Bayerns kennt. Es ist faszinierend, wie sehr Benedikt XVI. an den vielen Ereignissen in der Heimat interessiert ist, auch an dem, was scheinbar klein, unscheinbar und nebensächlich ist. Und gleichzeitig ist er ein Mann der großen theologischen und intellektuellen Weite. Beides kommt in sehr überzeugender Weise bei ihm zusammen. Seine Heimatverbundenheit ist im Grunde Menschenfreundlichkeit, Verbundenheit mit konkreten Gesichtern und Biografien, die sich in der wunderschönen und vom christlichen Glauben geprägten bayerischen Landschaft durch die Geschichte und Gegenwart hindurch zeigen.

## Der humorvolle Papst

Ja, es stimmt: Der Papst lacht gern. Das mag in seinem Dienst nicht immer so offensichtlich sein, aber in der persönlichen Begegnung habe ich es immer wieder erlebt und mit Freude aufgenommen. Er hat einen feinsinnigen und manchmal hintergründigen Humor, der sich äußert im Interesse an Geschichten und Ereignissen, die sozusagen von einer zweiten, von feiner, aber sympathischer Ironie geprägten Ebene aus erzählt und betrachtet werden. Sein Humor lässt eine gewisse liebenswürdige Distanz erkennen, die den Menschen zugewandt bleibt, aber doch alles auch noch einmal von einer anderen Warte anschauen kann. Ich möchte es – das ist vielleicht etwas gewagt – einen theologischen Humor nennen, der das Schwere und Angestrengte leichter werden lässt, weil die Wirklichkeiten dieser Welt ja nicht das letzte Wort haben.

## Der fromme Papst

Dass ein Papst fromm ist, mag nicht besonders außergewöhnlich sein. Was allerdings beim Heiligen Vater fasziniert, ist wiederum diese Verbindung von intellektueller Kraft, theologischer Brillanz und einer tiefen, innigen, ja kindlichen Gläubigkeit und Frömmigkeit. Intellektuelle neigen ja zu ständigen »Ja, aber«-Sätzen. Sie grübeln und denken ohne Ende, weil ihnen ja auch immer alle Gegenargumente und alternativen Möglichkeiten denkerisch vor Augen stehen. Deswegen scheuen sie sehr oft ein letztes Engagement, eine letzte Hingabe. Ich glaube, dass es deswegen eher selten ist, dass Philosophen und Intellektuelle Märtyrer werden. Der Philosoph Justin aus dem zweiten Jahrhundert wäre ein Beispiel oder auch der heilige Thomas Morus, der große Humanist des 16. Jahrhunderts.

Benedikt XVI. hat die Fähigkeit, in einer »zweiten Naivität« zu glauben und diesen Glauben geistlich tief und einfach zugleich zu leben. Gerade heute wäre diese Haltung für uns alle ein großes Geschenk, denn Glaube ohne Vernunft kann, so sagt es der Papst immer wieder, beim Gefühl stehen bleiben und so einseitig, ja pathologisch werden. Der christliche Glaube braucht die Reflexion, die Verantwortung vor der Vernunft. Aber er braucht eben auch den einfachen Blick, die Fähigkeit, in einer »zweiten Naivität« auf das Geheimnis Gottes zu schauen, eben anzubeten. Das meint Jesus, wenn er die Haltung eines Kindes uns allen als Maßstab vor Augen stellt. Für das so oft von Papst Benedikt XVI. geforderte Ineinander und Zueinander von Glaube und Vernunft ist er selbst in seiner Frömmigkeit das beste Beispiel: ein großer Theologe, der ganz schlicht fromm ist.

Heiliger Vater, meinen herzlichen Glück- und Segenswunsch zur Vollendung des 85. Lebensjahres! Im Land des heiligen Korbinian begleiten wir Sie mit unseren Gebeten.

# JOACHIM MEISNER

# Schönheit des Schöpfers und der Schöpfung

## »... der Urheber der Schönheit hat sie geschaffen« (Weish 13,3)

Seit über dreißig Jahren kenne und schätze ich Joseph Ratzinger, da unsere Lebenswege trotz unterschiedlicher Herkunft immer wieder enge Berührungspunkte aufwiesen. Ich habe den damaligen Präfekten der Glaubenskongregation als »Mozart der Theologie« bezeichnet, ein Begriff, der sowohl die Liebe des Heiligen Vaters zu dem großen Komponisten als auch die klangvolle Schönheit seiner theologischen Reflexionen zum Ausdruck bringt. Die theologischen Texte des Heiligen Vaters zeugen von einer sprachlichen Schönheit, die mit der Schönheit ihres Inhalts in Einklang steht.

Diese Ausprägung seiner Persönlichkeit wurde in der Öffentlichkeit kaum oder gar nicht wahrgenommen, da er in der Vergangenheit als Präfekt der Glaubenskongregation für andere Tätigkeitsschwerpunkte verantwortlich war. Deshalb möchte ich meine Ausführungen diesem ganz speziellen Thema der Schönheit widmen, das dem Heiligen Vater zeitlebens am Herzen lag und ihn immer noch beschäftigt: der Schönheit des Schöpfers und der Schöpfung.

## Zum Thema

»Ich habe schon öfters gesagt, dass meiner Überzeugung nach die wahre Apologie des Christlichen, sein überzeugender Wahrheitsbeweis, allem

Negativen entgegen zum einen die Heiligen sind und zum anderen die Schönheit, die der Glaube hervorgebracht hat. Damit Glaube heute wachsen kann, müssen wir uns selbst und die uns begegnenden Menschen in die Begegnung mit den Heiligen, in die Berührung mit dem Schönen führen.«[1] Mit diesen Worten spricht der große Theologe und heutige Papst Benedikt XVI. der Schönheit Bedeutung für den Glauben zu, in gewisser Weise also eine Brückenfunktion zwischen Gott und Mensch.

Hält aber dieser Anspruch einer Realität stand, die doch schon in der Bibel sehr skeptisch beurteilt wird? Das Prophetenbuch Jesaja erinnert daran: »Alles Sterbliche ist wie das Gras und all seine Schönheit ist wie die Blume auf dem Feld. Das Gras verdorrt, die Blume verwelkt, wenn der Atem des Herrn darüber weht. Wahrhaftig, Gras ist das Volk« (40,6–7). Skeptisch zeigt sich auch der altkirchliche Schriftsteller Tertullian: »Denn wo Sittlichkeit herrscht, da hat Schönheit keinen Zweck, weil sie eigentlich nur der Sinnenlust dient und dieselbe hervorruft. Oder erwartet jemand irgendeinen andern Dienst von der Anmut des Körpers?«[2] Irdische Schönheit erscheint geradezu als Exponent des Flüchtigen, Hinfälligen und Trügerischen; dadurch empfiehlt sie sich nicht eben als Weggeleit zum ewigen, unwandelbaren Gott, dem »unbewegten Beweger«. Es lohnt sich also, die christliche Einstellung zur Schönheit genauer unter die Lupe zu nehmen.

## Das Ideal der Schönheit in der Heiligen Schrift

Wer dem Begriff des Schönen in der Offenbarung nachspürt, wird zunächst einmal enttäuscht werden. Gewiss, Begriffe wie »Anmut« und »Schönheit« finden sich durchaus: im Blick auf Frauen (Genesis 6,2; 1 Könige 1,3; Ester 2,3; Jesus Sirach 26,13), konkret bei Sarai (Gene-

◄ *Papst Benedikt XVI. grüßt die Pilger während der Generalaudienz auf dem Petersplatz in Rom am 25. Mai 2005.*

sis 12,11), Rebekka (24,16), Rahel (29,17), Abigajil (1 Samuel 25,3), Tamar (2 Samuel 13,1), Judit (Judit 8,7), den Töchtern Ijobs (Ijob 42,15), naturgemäß mehrfach wiederholt bei der geliebten Frau im Hohelied sowie bei Susanna (Daniel 13,31). Auch Männern wird bisweilen ein schönes Aussehen zugestanden (vgl. Psalm 39,12), insbesondere dem Josef (Genesis 39,6), Saul (1 Samuel 9,2), David (1 Samuel 16,12), dessen Sohn Abschalom (2 Samuel 14,25), dem Geliebten im Hohelied (1,16); desgleichen dem Mose als Säugling (Exodus 2,2).

Die Schrift bringt diese menschliche Schönheit jedoch nicht mit der Schönheit Gottes in Verbindung, wie es im Hinblick auf die Gottebenbildlichkeit des Menschen durchaus denkbar gewesen wäre. Irdische Schönheit kann sogar als nichtig oder gar gottwidrig eingestuft werden: etwa wenn das Buch der Sprichwörter eine schöne, aber sittenlose Frau drastisch als »goldenen Ring im Rüssel eines Schweins« bezeichnet (11,22). Die Schönheit des Feuers, des Windes, der Luft, der Flut oder der Sterne verführte Menschen dazu, diese als Götter anzusehen und dadurch vom wahren Gott abzulenken (Weisheit 13,2–3). »Sie verweilen bei der Erforschung seiner Werke und lassen sich durch den Augenschein täuschen; denn schön ist, was sie schauen« (13,7). Dasselbe gilt für die Statuen von Königen, denen nicht zuletzt aufgrund ihrer Schönheit göttliche Verehrung erwiesen wurde (14,17ff.).

Keines der hier angeführten Beispiele lenkt den Blick auf die Schönheit Gottes. Das liegt zum Großteil darin begründet, dass die Schönheit als göttliche Eigenschaft oder Idee eher griechischem als hebräischem Denken entspricht. Die Schrift betont stattdessen vorwiegend Gottes Größe, seine Majestät und Herrlichkeit, die dann sehr wohl auch in der Schöpfung zu erkennen sind. So rühmen »die Himmel (…) die Herrlichkeit Gottes, vom Werk seiner Hände kündet das Firmament. Ein Tag sagt es dem andern, eine Nacht tut es der andern kund, ohne Worte und ohne Reden, unhörbar bleibt ihre Stimme. Doch ihre Botschaft geht in die ganze Welt hinaus, ihre Kunde bis zu den Enden der Erde« (Psalm 19,2–5)[3].

Das griechische Denken gesellt sich dem hebräischen vor allem in den alttestamentlichen Weisheitsschriften bei. Das Buch Jesus Sirach kündet ausführlich und in mehreren Kapiteln den Lobpreis Gottes in der Natur (Kap. 42–43). Diesen Aspekt führt das Buch der Weisheit zu einer vorläufigen Vollendung. Im Anschluss an die schon angesprochene Kritik an denjenigen Menschen, die den Schöpfungswerken kultische Verehrung erweisen, heißt es: »Wenn sie diese, entzückt über ihre Schönheit, als Götter ansahen, dann hätten sie auch erkennen sollen, wie viel besser ihr Gebieter ist; denn der Urheber der Schönheit hat sie geschaffen« (13,3).

## Aufstieg von der vielfältigen Schönheit der Welt zur einen Schönheit Gottes

Was uns die vernunftgemäße Betrachtung der Welt sowie die Offenbarung über Gott und seine Schöpfung eröffnen, durchdringt und systematisiert ein Theologe am Übergang vom fünften zum sechsten Jahrhundert, der sich selbst als Dionysius vom Areopag (Apostelgeschichte 17,34) ausgibt – eine Identität, die genauerer Überprüfung nicht standhält. Der Ansatz dieses Pseudo-Dionysius bezüglich Gott und der Welt im Allgemeinen sowie der Schönheit im Besonderen ist uns nicht so vertraut, hat aber einschlägige Weichenstellungen christlicher Philosophie und Theologie maßgeblich beeinflusst; darum soll er im Folgenden skizziert werden.

Aus neuplatonischer Perspektive heraus gliedert Ps.-Dionysius die Welt in eine Stufenordnung, die aus dem einen Gott hervorgeht und zu ihm zurückkehrt; nicht zufällig gilt Ps.-Dionysius als Erfinder des Wortes »Hierarchie«. So schreibt er in seinem Buch über die himmlische Hierarchie: »Die Hierarchie ist nach meiner Ansicht eine heilige Stufenordnung, Erkenntnis und Wirksamkeit. Sie will nach Möglichkeit zur Ähnlichkeit mit der Gottheit führen und gemäß den ihr von Gott verliehenen Erleuchtungen in entsprechendem Verhältnis zum Nachbilde Gottes erheben. Die Gott eigene Schönheit (...) will aber von ihrem eigenen Lichte jedem nach dessen Würdigkeit mitteilen und ihn durch göttlichste Weihevollendung vollkommen machen, indem sie die Jünger der Vollkommenheit harmonisch nach ihrer Unveränderlichkeit gestaltet« (3. Kapitel, § 1). Urquell aller geschöpflichen Eigenschaften – auch und nicht zuletzt der Schönheit – ist demnach Gott selbst.

Ausführlich erteilt Ps.-Dionysius Auskunft über den Zusammenhang von Schönheit des Schöpfers und Schönheit des Geschöpfs im 4. Kapitel seines Buchs »Göttliche Namen«. Dort identifiziert er das Gute mit dem Schönen und unterscheidet im Folgenden zwischen göttlicher und menschlicher Schönheit. Gottes Schönheit – »das überwesentlich Schöne – heißt aber Schönheit, weil von ihm jedem Wesen nach seiner Eigenart Schönheit mitgeteilt wird, weil es Ursache der harmonischen Ordnung und des Glanzes aller Dinge ist, sofern es nach Art des Lichtes in alle Wesen seine Schönheit bewirkenden Mitteilungen des Strahlenquells hineinblitzt, weil es alles zu sich ruft (...) und weil es alles in allem in ein und dasselbe zusammenführt. (...) Denn in der einfachen, übernatürlichen Natur (Wesenheit) alles Schönen hat jede Schönheit und jedes Schöne auf eingestaltige Weise sein ursächliches Vorausbestehen« (§ 7).

Gottes Schönheit ist »Urbeginn von allem«, aber auch »Endabschluss von allem und als Zielursache liebenswert« (§ 7). Die Bewegung der Geschöpfe, die aus Gott hervorgegangen sind, führt wieder zu ihm zurück; die vielfältige Schönheit der Schöpfung soll wieder in die eine »Über-Schönheit« des Schöpfers münden. Für die menschliche Seele bedeutet dies, dass sie sich zunächst auf sich selbst konzentriert und sammelt, sich sodann mit den Engelmächten vereint »und so zum Schönen und Guten geleitet, das über allen Wesen ist, eines und dasselbe, wie ohne Anfang, so ohne Ende« (§ 9). Im Hinblick auf das Schöne besteht der Anteil des Menschen darin, »dass er die in die äußere Sichtbarkeit tretenden Schönheiten als Abbilder der unsichtbaren Herrlichkeit studiert (...)« (*Himmlische Hierarchie*, 1. Kap., § 3).

## Vom Wesen der Schönheit

Heilige Schrift und kirchliche Tradition lehren, dass Gott die Schöpfung an seiner Herrlichkeit und Seinsfülle teilhaben lässt – auch hinsichtlich der Schönheit. Was aber macht denn überhaupt das Wesen des Schönen aus? Der Versuch einer solchen Definition stellt uns vor erhebliche Schwierigkeiten. Die Zusammenhänge, in denen von Schönheit die Rede ist, erscheinen als zu vielfältig und unterschiedlich. Hinzu kommt eine gewisse Subjektivität: Der heilige Thomas von Aquin sagt in seiner klassisch gewordenen Definition: »(...) schön wird nämlich genannt, was den Blick erfreut.«[4] Unwillkürlich denkt man an die Redensart: »Schönheit liegt im Auge des Betrachters« – was die Objektivität des Schönen relativiert, in extrem konstruktivistischem Verständnis sogar preisgibt.

In der Tat vermag das Attribut »schön« eine ungeheure Vielfalt zu bezeichnen: Schön kann die Gestalt und das Angesicht eines Menschen sein, nicht zuletzt bei Frauen, dem sprichwörtlich »schönen Geschlecht«[5]; aber auch von der »schönen Seele« sprechen seit Plato Dichter und Denker[6]. Schön kann eine zerklüftete, felsige Berglandschaft sein, aber auch eine sanfte Flussaue oder die unendlich anmutende Weite des Meeres. Schön können Plastiken und Gemälde sein, naturalistische wie abstrakte, desgleichen Formen, Farben oder Farbkombinationen. Musik kann schön sein, aber auch eine geistvolle Abhandlung oder die Gestaltung eines Abends. Gleichermaßen kann das individuelle Interesse entscheiden, was schön ist. So wird von dem französischen Physiker und Astronomen François Arago erzählt, er habe ein Gedicht gelesen und dann ausgerufen: »Wie schön! Beinahe wie eine Gleichung!«

Vielfalt und Unterschiedlichkeit der als schön empfundenen Gegenstände, Personen oder Sachverhalte verbieten es, die Schönheit an einzelne, bestimmte, »kategoriale« Eigenarten zu knüpfen. Was einen Menschen als schön erscheinen lässt, muss bei einem Gegenstand nicht dieselbe Wirkung hervorrufen. Daher wird seit der Theologie des Mittelalters – der Scholastik – die Schönheit meistens den sogenannten »Transzendentalien« zugerechnet, also denjenigen Eigenschaften, die nicht nur einzelne, konkrete Dinge oder Wesen charakterisieren, sondern alle Kategorien überschreiten, und somit allem anhaften, was existiert. Dazu rechnen wir die Einheit, die Wahrheit (im Sinne von »Erkennbarkeit«) und die Gutheit, die ja schon Ps.-Dionysius mit der Schönheit identifizierte.

Man könnte die Vielfalt der Schönheitsvorstellungen kurz und bildhaft mit der Vielfalt der Spektralfarben vergleichen, in die das »weiße Licht« der Schönheit Gottes zerlegt wird, wenn es sich an seiner Schöpfung bricht. Was aber macht dann im Letzten Schönheit aus? Zum einen der Grad, in dem das Sein des Schönen verwirklicht ist. Das Angesicht eines Menschen kann durch Verletzungen oder durch exzessiven Lebenswandel entstellt werden, während altersbedingte Falten von eigener Schönheit sein können. Ein Wald, dessen Bäume Vitalität ausstrahlen, ist schön – anders als ein beispielsweise durch Umwelteinflüsse geschädigtes Gehölz. Solche (mehr oder weniger) ausgeprägten Seinseigenschaften wie etwa Kraft, Gesundheit, klarer Geist oder edle Gesinnung müssen zunächst einmal ganz einfach vorhanden sein.

In einem zweiten Schritt aber sollen diese Attribute auch in einer Harmonie zueinander stehen; sind sie einseitig verteilt, kann das die Schönheit beeinträchtigen. Am Beispiel des Menschen erläutert: Wenn ein gutaussehender Mann aus Eitelkeit Schönheitsattribute unangemessen betont und hervorhebt, wird aus ihm ein »Schönling«. Die Überbetonung an und für sich positiver Eigenschaften stört die Harmonie und verzerrt so ein schönes Bild zu seiner eigenen Karikatur. Nur scheinbar widerspricht diesem Hinweis das Phänomen, dass die moderne Kunst gerne auch Hässliches abbildet. Dies dürfte der Tatsache geschuldet sein, dass in unserer Welt reine, ungetrübte Schönheit selten oder nie zu sehen ist; idealisierte Schönheit wird deshalb von so manchem modernen Menschen als »zu schön, um wahr zu sein« empfunden: als unrealistisch.

Schlagen wir den Bogen zurück zur Ausgangsfrage, so schließt sich auch hier wieder ein Kreis. Denn wenn Schönheit auf dem Grad der

Seinsfülle und -verwirklichung beruht, dann wird bei deren Betrachtung unser Blick zumindest unbewusst auf Gott gelenkt, das Sein und den Seienden an sich. In ihm ist alles, was die Existenz positiv ausmacht, in Vollendung verwirklicht. Und die Harmonie dieser Eigenschaften erinnert uns daran, dass der eine Gott zugleich dreipersonal ist, in sich bestehende Relation. Je schöner eine irdische Wirklichkeit ist, desto treffender bildet sie in analoger Weise den dreieinen Gott ab.

Das ps.-dionysische Modell einer von Gott her und auf ihn hin hierarchisch strukturierten Schöpfung erweist sich auch nach 1500 Jahren noch als erstaunlich tragfähig. Es berücksichtigt allerdings nicht das entscheidende heilsgeschichtliche Ereignis der Menschwerdung des Gottessohnes. Und doch hat es geradezu zwangsläufig Konsequenzen, wenn Christus, »das Ebenbild des unsichtbaren Gottes« (Kolosserbrief 1,15), »der Abglanz seiner Herrlichkeit und das Abbild seines Wesens« (Hebräerbrief 1,3), menschliche Natur annimmt, die in ihrer Gottebenbildlichkeit durch die Sünde getrübt ist. Diese Folge ist die Erneuerung des Menschen nach dem Bild seines Schöpfers (vgl. Kolosserbrief 3,10).

Über das leibliche Aussehen Jesu wird uns nichts überliefert. Altkirchliche Theologen wie Justin und Tertullian sprachen Christus jede Schönheit ab; dies taten sie freilich nicht aus Polemik, sondern weil sie die anstößige Realität der Menschwerdung verteidigten und zudem unter dem Einfluss des Verses aus dem Buch Jesaja über den Gottesknecht standen: »Er hatte keine schöne und edle Gestalt, sodass wir ihn anschauen mochten. Er sah nicht so aus, dass wir Gefallen fanden an ihm« (53,2). Die meisten Kirchenschriftsteller dagegen hielten Christus für schön und beriefen sich dafür auf ein Psalmenwort über den messianischen König: »Du bist der Schönste von allen Menschen, Anmut ist ausgegossen über deine Lippen ...« (45,3).

Wie auch immer Christus seinem irdischen Leibe nach ausgesehen haben mag: Seine wahre Schönheit bestand in der vollkommenen Gottebenbildlichkeit. Wenn wir Christus, dem aufstrahlenden Licht aus der Höhe, diese Schönheit zusprechen dürfen, dann in entsprechender Abstufung auch seiner Mutter, die ihm wie die Morgenröte voranging.

Als »tota pulchra«, an der alles schön ist, wird sie von der kirchlichen Marienfrömmigkeit in Anlehnung an das Hohelied (4,7) gepriesen. Das bezieht sich wiederum nicht primär auf Marias äußeres Erscheinungsbild, sondern auf ihre Freiheit von der Erbsünde: »Hier ist die Differenz aufgehoben zwischen dem, was der Mensch von Gott her sein soll und was er tatsächlich in sich selbst vorfindet.«[7]

Schließlich gilt diese Art der Schönheit, die Christus und seine Mutter auszeichnen, auch für den mystischen Leib Christi, die Kirche, und insbesondere für ihre Liturgie. Kirchlicher Gottesdienst ist ja immer Teilhabe am himmlischen Gottesdienst, sie bringt den Menschen in Gottes Nähe und in Kontakt mit dessen Schönheit. Josef Andreas Jungmann, der Altmeister der Liturgik, hält geradezu als Grundregel fest: »Liturgie muss schön sein«, weil die ganze Schöpfung an der Verherrlichung Gottes teilnehmen solle.[8] Joseph Ratzinger hat kürzlich noch einmal eine kurze und prägnante Begründung dafür gegeben: »Gott ist in seinem geschichtlichen Handeln in unsere Sinnenwelt hereingetreten, damit sie durchsichtig werde auf ihn hin. Die Bilder des Schönen, in denen sich das Geheimnis des unsichtbaren Gottes versichtbart, gehören zum christlichen Kult.«[9]

Wie lautet das Fazit? Wenn wir die vielen Bilder Gottes betrachten, die wir nicht nur in der (sakralen oder profanen) Kunst vorfinden, sondern auch in seiner Schöpfung, dann gilt es, sich von deren eigener Schönheit hinlenken zu lassen zu der Schönheit Gottes. Diesen Zusammenhang von menschlicher und göttlicher Schönheit bringt besonders prägnant eine Anekdote aus der Preußenzeit zum Ausdruck, die von dem lutherischen Propst Dr. Johann Gustav Reinbeck handelt: Er sei Teilnehmer des Tabakskollegiums Friedrich Wilhelms I. gewesen; dabei habe ihn der König aufgefordert, aus dem Stegreif ein Gedicht auf ein schönes Mädchen zu machen. Friedrich Wilhelm hoffte wohl darauf, den geistlichen Herrn zu einigen derben Zoten verleiten und so bloßstellen zu können. Zunächst schien sein Plan auch aufzugehen, als der Propst begann:

»Wenn mir ein schönes Kind begegnet,
das Gott mit Anmut hat gesegnet,
so fallen mir Gedanken ein:«

Dann aber fuhr er fort:

»Ein Gott, der so viel schöne Sachen
aus einem Nichts hat können machen –
wie schön muss dieser Gott wohl sein ...«

# Anmerkungen

1. Joseph Kardinal Ratzinger: Der Sinn für die Dinge, die Betrachtung des Schönen. Botschaft vom 21. August 2002 an das von der Bewegung Comunione e Liberazione initiierte Meeting von Rimini, zit. nach http://www.domus-ecclesiae.de/magisterium/veliternum-signia. josephus-ratzinger.04.html (9. Januar 2012).

2. *Vom Putz der Frauen,* Buch 2, Kap. 3.

3. S. als Ausnahme allerdings Exodus 33,18–19.

4. *Summa Theologica,* I, q. 39, a. 8.

5. Weibliche Schönheit unterliegt ihrerseits wiederum unterschiedlichen Kriterien; man vergleiche nur Rubensfiguren mit dem heutigen Ideal überschlanker Models, die der Volksmund spöttisch »Hungerhaken« nennt. Der Nestor der Verhaltensforschung am Menschen, Irenäus Eibl-Eibesfeldt, weist darauf hin, dass die Frau uns »in zwei Formtypen entgegen[tritt], die man als paläolithische und klassische Venus bezeichnet«. Eibl-Eibesfeldt hält es für wahrscheinlich, »dass die breithüftigen, großbusigen paläolithischen Figuren reife Muttergestalten darstellen und nicht junge Frauen« (*Die Biologie des menschlichen Verhaltens,* München 1984, S. 829–830).

6. S. dazu Georg Büchmann, *Geflügelte Worte,* Berlin [30]1961, S. 194–195.

7. Joachim Meisner, *Sein, wie Gott uns gemeint hat,* Berlin 1988, S. 60.

8. *Der Gottesdienst der Kirche,* Innsbruck [2]1957, S. 6.

9. *Der Geist der Liturgie,* Freiburg i. Br. [2]2007, S. 113, n. 1.

# WERNER MÜNCH

# Vernunft und Glaube

## Ein hörendes Herz für Ethos und Recht

## Einleitung

Vom 22.bis 25. September 2011 hat der deutsche Papst Benedikt XVI. seine Heimat besucht und dabei insgesamt achtzehn Ansprachen und Predigten gehalten. Seine Stationen waren Berlin, Erfurt und Freiburg, wo er mehrere Hunderttausend Menschen in seinen Bann gezogen hat.

Vor seinem Besuch gab es zahlreiche öffentliche Proteste, die sich nicht selten in Hass gegen die katholische Kirche und den Papst entluden. Viele Kritiker, Nörgler und Schreier kaschierten ihren Protest mit den Begriffen »Aufbruch« und »Reformen«, und sie kamen aus dem katholischen und nichtkatholischen Lager. Allen gemeinsam war, dass keiner von ihnen auf die Idee gekommen war, jemals vorher auch nur ein einziges Wort zur Verfolgung und Ermordung von Christen in anderen Teilen der Welt zu sagen.

In Berlin gab es ein Aktionsbündnis »Der Papst kommt«, das sich »gegen die menschenfeindliche Geschlechter- und Sexualpolitik des Papstes« wandte, den sie »als einen der Hauptverantwortlichen für die Unterdrückung von Lesben, Schwulen und Transgender auf der Welt« verantwortlich machten. Der Journalist Henryk M. Broder kommentierte dazu treffend: »Würden sich die im Anti-Papst-Bündnis vereinten dreiunddreißig Organisationen in den nächsten drei Monaten um die Opfer der iranischen ›Justiz‹ kümmern, könnten – vielleicht – ein paar

Leben gerettet werden. Immerhin ist im Vatikan lange keine Ehebrecherin gesteinigt und kein Schwuler aufgehängt worden.«[1]

Über die Abgeordneten des Deutschen Bundestages, die nicht einmal die Toleranz aufbringen konnten, sich die Rede des Papstes wenigstens anzuhören, breiten wir am besten den Mantel des Schweigens.

In Freiburg gab es wochenlang Leserbriefe in der regionalen Zeitung gegen den Besuch des Papstes mit der Begründung, der Sicherheitsaufwand und die Kosten seien nicht zu vertreten. Leider habe ich diese Begründungen noch nie bei einem Fußballbundesliga-Spiel oder einem Castor-Transport gehört. Man solle, so sagten andere, »den alten Mann zu Hause in Rom lassen«, denn er habe doch eh »nichts zu sagen«.

Die »Rosa Hilfe Freiburg e.V.«, ein Verein zur Unterstützung Homosexueller, schmiedete ein Bündnis »Freiburg ohne Papst«, das verhindern wollte, dass sich der Papst in das Goldene Buch der Stadt einträgt. Das Logo dieses Bündnisses, unterstützt von Uta Ranke-Heinemann – wen wundert es? –, war ein Kondom über dem Freiburger Münsterturm.

Frühere Politiker, wie zum Beispiel Erwin Teufel und Bernhard Vogel, forderten die »viri probati«[2], Theologen brachten es fertig, ein Memorandum zu verfassen, in dem die Gotteskrise nicht erwähnt wurde, und natürlich fehlten auch nicht »Wir sind Kirche«, »Kirche von unten« und katholische Frauen- und Jugendorganisationen.

Und dann war der Papst in Deutschland, der als Repräsentant einer Kirche von 1,2 Milliarden Katholiken in der Lage ist, überall auf der Welt Hunderttausende zu versammeln, vor allem auch Jugendliche, zur Besinnung und zum Gebet, zum stillen und andächtigen Ausharren, mit dem disziplinierten An- und Abmarsch zur heiligen Messe und Gebetsvigil. Keine andere Person auf dieser Welt vermag so viele Menschen in ihren Bann zu ziehen und so viel Beachtung, Achtung und Bewunderung hervorzurufen. Die Menschen spüren, wie standhaft er

◄ *Rede von Papst Benedikt XVI. im Deutschen Bundestag am 22. September 2011.*

dem Relativismus entgegentritt, weil er mit seinem tiefen Glauben ausschließlich die Wahrheiten des Evangeliums verkündet. Wegen seines unerschütterlichen Glaubens, seines scharfen Verstandes und seiner gewinnenden Rhetorik, verstärkt durch seine sanfte Stimme, sein gütiges, fast schüchternes Lächeln und seine wenigen, nie theatralischen Gesten, geht von ihm eine faszinierende Ausstrahlung aus, die die Menschen überzeugt.

Der Autor Peter Seewald, der ihn gut kennt, attestiert, dass er seine Botschaft verkündet »in der Ohn-Macht eines Mannes, der sich auf Gott verlässt, sympathisch, liebevoll, in Sorge um die Menschen«[3].


## Hinführung zur Rede im Deutschen Bundestag

Schon seit vielen Jahren, bereits lange vor seiner Ernennung zum Papst, beschäftigte sich Joseph Ratzinger mit dem Thema Vernunft und Glaube/Religion bzw. Natur und Gewissen.

Aus seinen zahlreichen Publikationen seien nur drei beispielhaft herausgegriffen, die zeigen, dass das im Deutschen Bundestag von ihm ausgebreitete Thema eine zentrale Rolle für ihn spielt:

1984 stellt er in einem Beitrag in der *Frankfurter Allgemeinen Zeitung* die Frage, ob in Zeiten der Säkularisierung und der Diktatur des Relativismus die Annahme eines Naturrechts bzw. natürlichen Sittengesetzes noch aufrechtzuerhalten ist oder ob nicht alte moralische Gewissheiten längst zerbrochen sind. Er weist, nicht zum ersten Mal, darauf hin, dass der Staat »Kräfte von außerhalb seiner selbst braucht, um als er selbst bestehen zu können«[4].

Im Rahmen der »Eichstätter Hochschulreden« plädierte er am 26. November 1987 für eine »Vernunft der Moral«, die nicht als »Kerker des Menschen«, sondern geradezu als »das Göttliche an ihm« zu verstehen sei, sowie für die »Vernunft des Glaubens«, der nicht »Begrenzung oder Lähmung der Vernunft ist, sondern sie erst zu ihrem eigenen Weg frei macht«[5].

2004 führte er einen Dialog mit Jürgen Habermas, der weltweit für Aufsehen sorgte. Während Habermas die praktische Vernunft eines nachmetaphysischen säkularen Denkens repräsentiert, steht bei Ratzinger »die jeder rationalen gemeinschaftlichen Festsetzung vorausliegende Wirklichkeit des Menschen von seinem Schöpfer her«[6] im Mittelpunkt. Von dieser Prämisse her treibt ihn die Frage nach dem Recht und seinen Grundlagen um, ohne die ein Staat dauerhaft und menschenwürdig nicht funktionieren kann. Ratzinger verteidigt ein Recht, »das aus der Natur, dem Sein des Menschen selbst folgt«[7]. Dabei stellt er realistisch fest, dass das Naturrecht, welches früher als feste Größe galt, nur noch »als Argumentationsfigur« geblieben, aber »leider stumpf geworden«[8] sei. Seine Leitidee wird deshalb »die notwendige Korrelationalität von Vernunft und Glaube, Vernunft und Religion«, die »zu gegenseitiger Reinigung und Heilung berufen sind und sich gegenseitig brauchen und das gegenseitig anerkennen müssen«[9].

## Rede des Papstes vor dem Deutschen Bundestag am 22. September 2011

Genau dieses Thema breitet der Papst umfassend in seiner Rede vor den Abgeordneten des Deutschen Bundestages aus. Die meisten waren trotz vorheriger Boykott-Erklärungen und Proteste doch im Plenum anwesend und ließen sich mit gespannter Aufmerksamkeit in den Bann des Papstes ziehen, bei dessen Rede man die berühmte Stecknadel fallen hören konnte. Das Anliegen seiner Rede war, »Gedanken über die Grundlagen des freiheitlichen Rechtsstaates«[10] vorzutragen. In Anlehnung an eine kleine Geschichte aus der Heiligen Schrift, dem ersten Buch der Könige, wo Salomo Gott darum bittet, ihm in seiner Regentschaft ein »hörendes Herz« zu verleihen, weist der Papst die Abgeordneten zunächst darauf hin, dass der Grund für die Arbeit und letzter Maßstab des Wirkens eines Politikers »nicht der Erfolg und schon gar nicht materieller Gewinn« sein darf, sondern dass Politik »Mühen um Gerechtigkeit« sein muss.

Dann wird sein Diktum noch eindeutiger: »Dem Recht zu dienen und der Herrschaft des Unrechts zu wehren ist und bleibt die grundlegende Aufgabe des Politikers.«[11] Und er stellt sofort die zentrale Frage: »Wie erkennen wir, was recht ist?«[12] In seiner Antwort unterscheidet er zwischen zwei Kategorien: Solche, bei der »die Mehrheit ein genügendes Kriterium« sein kann, und andere, »in denen es um die Würde des Menschen und der Menschheit geht«[13], bei denen das in Demokratien angewandte Mehrheitsprinzip als Entscheidungsgrundlage nicht ausreicht.

Was aber ist Recht in diesen wichtigen Fragen? Früher waren es die Grundbegriffe Natur und Gewissen (also das erbetene »hörende Herz« des Salomo), aber im letzten halben Jahrhundert habe es hier eine dramatische Veränderung gegeben. »Der Gedanke des Naturrechts gilt heute als katholische Sonderlehre«, weil inzwischen in weiten Teilen von Gesellschaft und Politik ein »positivistisches Verständnis von Natur«[14] herrscht. Dies bedeutet: Die Natur wird »rein funktional« gesehen, und deshalb gibt es »keine Brücke zu Ethos und Recht. (...) Was nicht verifizierbar oder falsifizierbar ist, gehört danach nicht in den Bereich der Vernunft im strengeren Sinn. Deshalb müssen Ethos und Religion dem Raum des Subjektiven zugewiesen werden und fallen aus dem Bereich der Vernunft im strengen Sinn des Wortes heraus«[15].

Der Papst erkennt die positivistische Weltsicht als *einen* wichtigen und unverzichtbaren Aspekt ausdrücklich an. Aber sie allein sei keine »dem Menschsein in seiner Weite entsprechende und genügende Kultur«, sondern dazu gehörten »alle übrigen Einsichten und Werte unserer Kultur«, und diese dürften auf gar keinen Fall in die »Kulturlosigkeit« oder in den »Status einer Subkultur«[16] verbannt werden. Eine sich »exklusiv gebende positivistische Vernunft« gleiche »den Betonbauten ohne Fenster«. Und deshalb: »Die Fenster müssen wieder aufgerissen werden, wir müssen wieder die Weite der Welt, den Himmel und die Erde sehen und all dies recht zu gebrauchen lernen.«[17]

Und wie geht das? Antwort: »Auch der Mensch hat eine Natur, die er achten muss und die er nicht beliebig manipulieren kann. Der Mensch ist nicht nur sich selbst machende Freiheit. Der Mensch macht sich nicht selbst. Er ist Geist und Wille, aber er ist auch Natur, und sein Wille ist dann recht, wenn er auf die Natur achtet, sie hört und sich annimmt als der, der er ist und der sich nicht selbst gemacht hat.«[18] Und von der Überzeugung dieses Schöpfergottes her, der dies auch angelegt hat, sind »die Menschenrechte, die Idee der Gleichheit aller Menschen vor dem Recht, die Erkenntnis der Unantastbarkeit der Menschenwürde in jedem einzelnen Menschen und das Wissen um die Verantwortung der Menschen für ihr Handeln entwickelt worden«[19].

Die Erkenntnisse Jerusalems (der »Gottesglaube Israels«), Athens (die »philosophische Vernunft der Griechen«) und Roms (das »Rechtsdenken«)[20] – nicht solche des Islam – haben die Kultur Europas gestaltet. »Sie hat im Bewusstsein der Verantwortung des Menschen vor Gott und in der Anerkennung der unantastbaren Würde des Menschen, eines jeden Menschen, Maßstäbe des Rechts gesetzt, die zu verteidigen uns in unserer historischen Stunde aufgegeben ist.«[21] Robert Spaemann sagt es so, dass es in dieser Rechtstradition »das Rechte und das Falsche einfach gibt, in der großen Natur ebenso wie in der Natur des Menschen, und dass es sich mit Vernunft erkennen lässt«[22].

Wissen wir jetzt, warum das Thema Vernunft und Glaube/Religion oder Natur und Gewissen schon lange und zu Recht immer wieder das große Thema des Papstes ist? Und in seiner Enzyklika *Caritas in Veritate* hat er zusätzlich deutlich gemacht, wie wichtig dabei die Werte des Christentums sind, unter anderem mit der Feststellung, »dass die Zustimmung zu den Werten des Christentums ein nicht nur nützliches, sondern unverzichtbares Element für den Aufbau einer guten Gesellschaft und einer echten ganzheitlichen Entwicklung des Menschen ist«[23].

## Die Bewertung der Rede des Papstes

Da immer noch Politiker und andere danach fragen, was denn der Papst in seiner Rede nun konkret gemeint habe, so gibt es darauf eine unzweideutige Antwort: Er hat seine Sorge wegen des mangelnden Schutzes des Lebens und von Ehe und Familie zum Ausdruck gebracht. Er hat in dieser Rede den Menschen unmissverständlich davor gewarnt, die Axt an den Baum des Lebens zu legen und Schöpfer spielen zu wollen, weil er mit seiner Rolle als Geschöpf Gottes nicht mehr zufrieden ist. Er hat dazu aufgefordert, Kurs zu halten, und er hat den Menschen einsichtig zu machen versucht, dass der Relativismus unsere Kultur zerstört. Als Oberhaupt der katholischen Weltkirche hat er Meilensteine gesetzt mit der Botschaft: »Wo Gott ist, da ist Zukunft.« Und das bedeutet im Umkehrschluss: Wo Gott nicht ist, da ist keine Zukunft.

Er hat die Abgeordneten des Deutschen Bundestages daran erinnert, dass allein eine positivistische Weltsicht verheerend ist, sondern stattdessen Vernunft und Glaube, Natur und Gewissen zusammengehören.

Da er auf die »Menschenrechte, die Idee der Gleichheit aller Menschen vor dem Recht« und »(...) die Unantastbarkeit der Menschenwürde« ausdrücklich verwiesen hat, hat er damit gleichzeitig die Politiker kritisiert wegen ihrer Gesetzgebung im Zusammenhang mit:

*- der Abtreibung:*
Ohne genaue Kenntnis der Dunkelziffer werden in Deutschland jedes Jahr etwa 120 000 Kinder abgetrieben, das sind ca. 350 pro Tag, d.h. vierzehn Schulklassen täglich. Jeder weiß, dass die engen Grenzen, die das Bundesverfassungsgericht gesetzt hat, nicht eingehalten werden und der Gesetzgeber seinen Kontrollpflichten nicht genügend nachkommt. Während Tierschutz, Umweltschutz und Verbraucherschutz in Deutschland höchste Priorität genießen, ist der gefährlichste Platz für viele Kinder der Mutterleib, in dem ihnen das Lebensrecht verwehrt wird. Wie ernst haben die Abgeordneten Art. 1 unseres Grundgesetzes (Menschenwürde, Grundrechtsbindung der staatlichen Gewalt) genommen?

*- der Stammzellenforschung:*

Mit der Entscheidung zur Verschiebung des Stichtages um fünf Jahre in die Gegenwart zum Gebrauch von Embryonen hat sich eine starke Forschungslobby, unterstützt von einer katholischen Bundesministerin, durchgesetzt. Diese Entscheidung hat bewirkt, dass die Freiheit von Forschung über das Lebensrecht des Embryos gestellt wurde, womit sich bis dahin gültige Werte und Normen in unserer Gesellschaft verschoben haben.

Ob da die Abgeordneten die Unantastbarkeit der Menschenwürde beachtet haben?

*- der Präimplantationsdiagnostik (PID):*

Am 7. Juli 2011 hat sich der Deutsche Bundestag mit deutlicher Mehrheit gegen ein Verbot der PID ausgesprochen. Auch hierbei ist der unbedingte Schutz des ungeborenen Lebens aufgegeben worden, weil dieser nur bei Bestehen eines Eignungstestes gewährt wird. Der Mensch muss sich einer Qualitätskontrolle unterziehen, die bei negativem Ergebnis die Vernichtung seines Lebens zur Folge hat oder zur Folge haben kann.

Hat eine große Mehrheit der Abgeordneten unsere Verfassung mit diesem Gesetz ernst genommen (Art. 1–3, Menschenwürde, Recht auf Leben, Verbot der Diskriminierung von Behinderten)? – und

*- dem Schutz von Ehe und Familie:*

Früher galt, dass die Ehe »die beste Grundlage für die gemeinsame Verantwortung von Vater und Mutter in der Entwicklung der Kinder ist«[24]. Heute heißt es: »Wir spielen verschiedene Familienmodelle und Lebensentwürfe nicht gegeneinander aus.«[25] Auf der Grundlage dieser Einstellungen und Überzeugungen werden gleichgeschlechtliche Partnerschaften staatlich anerkannt mit allen steuer- und sozialrechtlichen Konsequenzen bis hin zum Adoptionsrecht. Die gesetzgeberischen Maßnahmen hierzu sind bereits verabschiedet oder in Vorbereitung. Warum hat der Gesetzgeber erneut ein Grundrecht unserer Verfassung (Art. 6, Schutz von Ehe und Familie) nicht beachtet?

## Schluss

Schon im Jahr 2010, ein Jahr vor seinem Deutschland-Besuch, hatte der Papst anlässlich der Übergabe des Beglaubigungsschreibens durch den neuen Botschafter der Bundesrepublik Deutschland beim Heiligen Stuhl, Dr. Walter Schmid, unmissverständlich erklärt, dass die katholische Kirche die Entwicklungen im Lebensschutz und bei Ehe und Familie in Deutschland nicht akzeptieren kann. Diese Gesetze »tragen zu einer Aufweichung naturrechtlicher Prinzipien und damit der Relativierung der gesamten Gesetzgebung, aber auch zu einer Verschwommenheit der Wertvorstellungen in der Gesellschaft bei. (...) Der Mensch hat immer Vorrang gegenüber anderen Zwecken. Die neuen Möglichkeiten von Biotechnologie und Medizin führen uns hier oft in komplexe Situationen, die einer Wanderung auf schmalem Grat gleichen. Wir haben die Pflicht, genau zu prüfen, wo solche Verfahren eine Hilfe für den Menschen sein können und wo es um Manipulation des Menschen, um eine Verletzung seiner Integrität und Würde geht. Wir können uns diesen Entwicklungen nicht verweigern, müssen aber sehr wachsam sein. Wenn man einmal damit beginnt, und oft geschieht dies schon im Mutterleib, zwischen lebenswertem und lebensunwertem Leben zu unterscheiden, wird keine andere Lebensphase ausgespart bleiben, gerade auch Alter und Krankheit nicht«[26].

In seiner Ansprache beim Angelusgebet am ersten Adventssonntag 2011 in Rom fasste der Papst seine Botschaft noch prägnanter in einem Satz zusammen: »In Wirklichkeit ist der wahre ›Herr‹ der Welt nicht der Mensch, sondern Gott.«[27]

Papst Benedikt XVI. bedrückt es also zutiefst, in welcher Weise christliche Grundüberzeugungen in unserem Land aufgeweicht werden oder schon ganz auf der Strecke geblieben sind.

Die Botschaft war sein zentrales Anliegen in Berlin, und deshalb hat er in seiner Rede im Deutschen Bundestag am 22. September 2011 für alle, besonders für die Mitglieder der Legislative, ein »hörendes Herz« erbeten, also »die Fähigkeit, Gut und Böse zu unterscheiden und so

wahres Recht zu setzen, der Gerechtigkeit zu dienen und dem Frieden«[28]. Eine wahrhaft »benediktinische Wegweisung«!

Dieser Papst und seine Botschaften sind ein Segen für die Kirche, die
Welt und Deutschland. Gott möge ihn segnen und ihm noch eine lange
Amtsführung schenken!

# Anmerkungen

1 Henryk M. Broder, Der Papst kommt, in: *KOMMA*, 85–86/2011, S. 88–89, S. 88.

2 In Familie, Kirche und Gesellschaft bewährte Männer.

3 Peter Seewald, Interview bei kath.net, in: *KOMMA*, 85–86/2011, S. 90–93, S. 92.

4 Joseph Kardinal Ratzinger, Der Mut zur Unvollkommenheit und zum Ethos, in: *FAZ*, 4. August 1984.

5 Joseph Kardinal Ratzinger, Abbruch und Aufbruch. Die Antwort des Glaubens auf die Krise der Werte, in: *Eichstätter Hochschulreden*, Heft 61, München 1988, S. 16.

6 Florian Schuller, Vorwort, in: Jürgen Habermas/Joseph Ratzinger, *Dialektik der Säkularisierung. Über Vernunft und Religion*, Freiburg ⁸2011, S. 13.

7 Joseph Kardinal Ratzinger, Was die Welt zusammenhält. Vorpolitische moralische Grundlagen eines freiheitlichen Staates, in: Jürgen Habermas/Joseph Ratzinger, ebd., S. 49.

8 Ebd., S. 50.

9 Ebd., S. 57.

10 Papst Benedikt XVI., *In Gott ist unsere Zukunft. Ansprachen & Predigten während seines Besuchs in Deutschland*, Besuch des Deutschen Bundestages im Berliner Reichstagsgebäude, 22. September 2011, St. Benno-Verlag, Leipzig 2011, S. 26–39, S. 27.

11 Ebd., S. 28.

12 Ebd., S. 29.

13 Ebd., S. 29.

14 Ebd., S. 33.

15 Ebd., S. 34.

16 Ebd., S. 34–35.

17 Ebd., S. 35–36.

18 Ebd., S. 37.

19 Ebd., S. 38.

20 Ebd., S. 39.

21 Ebd., S. 39.

22 Robert Spaemann, Interview, in: *WELT ONLINE*, 30. September 2011.

23 Papst Benedikt XVI., *Caritas in Veritate*, 4.

24 Grundsatzprogramm der CDU, 2007.

25 Berliner Erklärung der CDU, Januar 2010.

26 Ansprache des Heiligen Vaters anlässlich der Übergabe des Beglaubigungsschreibens durch den neuen Botschafter der Bundesrepublik Deutschland beim Heiligen Stuhl, Dr. Walter Schmid, 13. September 2010, zit. in: *KOMMA*, 8, 85–86/2011, S. 56–57, S. 57.

27 Ansprache des Heiligen Vaters beim Angelusgebet am 27. November 2011 in Rom (erster Adventssonntag), in: *L'Osservatore Romano*, Wochenausgabe in deutscher Sprache, Nr. 48, 2. Dezember 2011, S. 1.

28 Papst Benedikt XVI., *In Gott ist unsere Zukunft.*, S. 39.

# WOLFGANG SCHÄUBLE

# Der Glaube an Gott und die Grenzen unserer Macht

Bei seinem offiziellen Besuch in Deutschland im vergangenen Jahr hat Papst Benedikt XVI. eine viel beachtete Rede im Deutschen Bundestag gehalten. Zu Beginn dieser Rede erinnerte er die Abgeordneten an eine der eindrucksvollsten biblischen Geschichten über die Beziehung von politischer Macht und Gottesglauben, Salomos Gebet um Weisheit. Gott, der dem jungen König im Traum erscheint, fordert diesen auf, ihn um etwas zu bitten. In seiner Antwort ersucht Salomo Gott nicht um Reichtum, Macht oder ein langes Leben, sondern er erbittet »ein hörendes Herz, damit er dein Volk zu regieren und das Gute vom Bösen zu unterscheiden versteht« (1 Kön 3,9).

Wenn ich als evangelischer Politiker an diesem Ort anlässlich des 85. Geburtstages von Papst Benedikt XVI. einen Text beitrage, nehme ich diesen Hinweis gern zum Ausgangspunkt meiner Überlegungen, denn er bezeichnet ein Anliegen, von dem auch ich meine, dass es für unsere heutige Gesellschaft von enormer Wichtigkeit ist, und ich bin dankbar, dass Benedikt XVI. ihm seit vielen Jahren seine Stimme leiht.

Vor einigen Jahren hat ein Experte für die deutsche Sprache ein Buch herausgegeben unter dem Titel »Lexikon der bedrohten Wörter«. Darin enthalten sind Begriffe, die heute so selten gebraucht werden, dass man damit rechnen muss, dass sie innerhalb der kommenden Jahrzehnte aus unserer Sprache verschwinden werden. Kaum jemand von den Jüngeren weiß noch, was ein Hagestolz ist oder was es zu einem Gabel-

frühstück zu essen gibt. Und wer seine Daten auf Festplatten oder CDs speichert, dem sagt auch das vor dreißig Jahren viel gebrauchte Wort »Bandsalat« nichts mehr.

Man kann heute den Eindruck bekommen, dass zu den im Deutschen bedrohten Wörtern auch das Wort Gott gehört. Natürlich wird es nicht aus unserem Wortschatz verschwinden, dennoch ist auffällig, wie selten Menschen von Gott sprechen. Und das sind nicht in erster Linie Menschen, die nicht an Gott glauben. Im Gegenteil: Manche Atheisten sprechen viel und gern von Gott, wenn auch nur, um zu sagen, warum es absurd sei, an ihn zu glauben. Bemerkenswert und bedenklich ist jedoch, wie schwer es glaubenden Menschen fällt, in ihrem täglichen Leben Gott zur Sprache zu bringen. Politiker bekräftigen oft (aber keinesfalls immer) ihren Amtseid mit der Formel »... das schwöre ich, so wahr mir Gott helfe«. Darüber hinaus in einer politischen Rede auf Gott zu verweisen, ist jedoch in Deutschland heute praktisch unmöglich.

Selbst manche Vertreter der großen Kirchen scheinen das Wort Gott zu meiden. Auf die Frage, worum es beim Glauben geht, warum man heute zur Kirche gehören soll oder was das Christentum für ein Land wie Deutschland im 21. Jahrhundert bedeuten kann, hört man oft mehr von ethischen und kulturellen Gründen als von Gott. Aber die heute anstehenden ethischen Entscheidungen sind oft gerade auch unter Christen kontrovers, und die selbstverständliche Christlichkeit der deutschen Gesellschaft ist in vieler Hinsicht eine Sache der Vergangenheit.

Wenn ich selbst die Frage zu beantworten habe, was die Bedeutung des christlichen Glaubens für das Leben in der heutigen Gesellschaft und besonders für das Leben des Politikers ist, dann nenne ich den Glauben an Gott an erster Stelle. Denn es ist dieser Glaube, durch den sich das eigene Leben auf eine Instanz bezieht, die größer ist als man

◄ *Papst Benedikt XVI. besucht vom 28. November bis 1. Dezember 2006 die Türkei und während dieses Besuches am 29. November 2006 das Marienheiligtum Meryem Ana Evì in Ephesus.*

selbst, auf eine Instanz, die wir uns nicht selbst zurechtmachen und vor der wir deshalb unser Tun und Lassen verantworten müssen. An diesen Bezug hat Papst Benedikt XVI. mit seinem Hinweis auf Salomos Bitte um ein »hörendes Herz« erinnert. Warum ist das so wichtig?

Der Glaube an Gott bringt auf einmalig prägnante Weise die Einsicht zum Ausdruck, dass es für uns Grenzen gibt. Wie wichtig auch immer wir uns nehmen, welche Rolle wir in der Gesellschaft, in Wirtschaft, Wissenschaft oder Politik spielen, welche Leistungen und Errungenschaften wir vorzuweisen haben, der Glaube an Gott sagt uns, dass es etwas und jemanden gibt, der vor und über uns steht. Bischof Reinelt hat das einmal anlässlich des Gedenkens an die Dresdener Bombennacht im Zweiten Weltkrieg auf die Formel gebracht: »Wo immer einer in der Welt nicht mehr weiß, dass er höchstens der Zweite ist, da ist bald der Teufel los.«

Eine solche Grenze brauchen wir, das können wir immer wieder bemerken. Die Wirtschaftskrise der vergangenen Jahre wurde nicht zuletzt durch die grenzenlose Gier nach immer höheren Gewinnen an den Kapitalmärkten ausgelöst. So erfolgreich das marktwirtschaftliche Modell ist, so sehr beruht es auf Mechanismen, die, wenn sie nicht kontrolliert und begrenzt werden, im Wortsinn un-menschliche Konsequenzen hervorbringen. Das grenzenlose Profitstreben, für das es keinen automatischen Haltepunkt gibt, die Erzeugung immer neuer Bedürfnisse in der Konsumgesellschaft und der Raubbau an den auf der Erde verfügbaren natürlichen Ressourcen, sie alle führen zu Zuständen, die für das menschliche Wohlergehen und oft sogar für das menschliche Überleben bedrohlich sind.

Obgleich wir Grenzen brauchen, wollen wir diese in der Regel jedoch nicht anerkennen. Und so wenig wir Grenzen anerkennen wollen, so wenig wollen wir Gott anerkennen. Offenbar liegt es in der menschlichen Natur, sich immer wieder auf das Experiment einzulassen, ob wir nicht ohne Grenzen zurechtkommen, auch wenn die Folgen immer wieder dieselben sind. Solange die Dinge gut zu laufen scheinen, reden wir uns ein, es würde diesmal wirklich alles anders. Der Glaube an Gott erinnert daran, dass solche Auffassungen immer falsch und gefährlich sind.

Bei diesen Grenzen geht es nicht nur um die Weltwirtschaft oder das Klima. Ein zentrales Beispiel in unserer Rechtsordnung ist vielmehr der absolute Schutz der menschlichen Würde. Diese steht am Anfang des Grundgesetzes – gleich nach der Anrufung Gottes in der Präambel übrigens. Beide sind logisch aufeinander bezogen: Gerade weil die Verantwortung vor Gott zum Ausdruck gebracht wird, gibt es einen Schutz des Individuums, den keine politische oder gesellschaftliche Opportunität brechen oder umgehen kann. Die Anerkennung einer solchen unverfügbaren Instanz führt auch in diesem Fall zur Anerkennung von Grenzen, die unserem Handeln gesetzt sind.

Viele dieser Gedanken finde ich in offiziellen Verlautbarungen des Papstes wieder. Dafür bin ich dankbar; es bestätigt mich in der Überzeugung, dass es in diesen Fragen heute mehr Verbindendes als Trennendes zwischen den Christen verschiedener Konfessionen gibt. Dass es dennoch nach wie vor Differenzen gibt, ist gleichwohl schmerzhafte Realität. Insofern ist es wichtig, dass Benedikt XVI. immer wieder die Bedeutung der Ökumene betont hat. Sein Besuch als erster Papst im Erfurter Augustinerkloster kann als Zeichen wachsender Nähe zwischen Protestanten und Katholiken verstanden werden. Benedikt XVI. hat bei dieser Gelegenheit von der bleibenden Bedeutung der Fragen gesprochen, die Luther gestellt hat. Gerade aus politischer Sicht können jedoch, so meine ich, durchaus auch einige seiner Antworten für Katholiken und Protestanten gemeinsam von Bedeutung sein. Da denke ich besonders an die Trennung von geistlichem und weltlichem Regiment, die alle Demokratien heute als selbstverständlich voraussetzen und ohne die wir heute über die politische Bedeutung religiösen Glaubens gar nicht unbefangen reden könnten.

Viele Schritte auf dem Weg zur christlichen Einheit liegen also noch vor uns. Im Alltag scheinen die Länge des Weges und das langsame Tempo, mit dem die Kirchen sich bewegen, oft schwer erträglich, besonders für

Menschen, die in ihrem persönlichen und familiären Umfeld von der Kirchentrennung betroffen sind. Gerade angesichts dessen ist es jedoch von Bedeutung, sich auch klarzumachen, wie weit wir schon gekommen sind und wie weit unsere Gemeinsamkeiten in vielen praktischen Fragen heute reichen. Der 85. Geburtstag von Papst Benedikt XVI. bietet dafür einen guten Anlass.

# EDMUND STOIBER

# »Mein Herz schlägt bayerisch«

»Mein Herz schlägt bayerisch. In meinem Amt gehöre ich der Welt.« Schöner hätte der Heilige Vater die Liebe zur bayerischen Heimat nicht formulieren können, als er es mit diesen Worten nach seiner Wahl zum Papst getan hat. Unser Land, die Menschen und die christlichen Werte, die hier hochgehalten und gelebt werden, haben ihn von klein auf geprägt. Er hat Bayern aber auch unendlich viel zurückgegeben – als Seelsorger, renommierter Theologe und geistlicher Oberhirte.

Mich hat »unser Papst« nicht mehr losgelassen, seit ich als wissenschaftlicher Assistent an der Universität Regensburg Ende der Sechzigerjahre von einem neuen, jungen, beeindruckenden Theologieprofessor namens Joseph Ratzinger erfuhr, den man unbedingt gehört haben musste. So besuchte ich tatsächlich einige seiner Vorlesungen, die geprägt waren von Tiefgang und außergewöhnlicher intellektueller Schärfe. Dass ich fast vierzig Jahre später als bayerischer Ministerpräsident am Münchner Flughafen stehen und Professor Joseph Ratzinger als Papst Benedikt XVI. in seiner bayerischen Heimat begrüßen würde, wäre mir damals nicht einmal in den kühnsten Träumen eingefallen.

Intensiver und regelmäßiger erleben durfte ich den Heiligen Vater in seiner Zeit als Erzbischof und Kardinal von München und Freising. Ich war hingerissen von seiner Art zu predigen. Leise und grundsätzlich haben seine Predigten nicht nur bei mir tiefe Eindrücke hinterlassen.

Bis heute bin ich immer wieder fasziniert, wie klar, mitreißend und überzeugend Benedikt XVI. die Menschen anspricht. In einer ideologisch aufgeladenen Zeit mit großen gesellschaftlichen und politischen Auseinandersetzungen hat Kardinal Ratzinger schon damals klar Position bezogen. Seine geistige Brillanz und sein Tiefgang entzogen ihn schlichter Polemik, dank seiner Argumentationskraft konnte er nicht ohne Weiteres in ein politisches Rechts-links-Schema gedrückt werden. Trotzdem strahlte Kardinal Ratzinger missionarische Kraft aus, die nach meiner Überzeugung immer auch zur katholischen Kirche gehören muss.

Tief im Gedächtnis sind mir die Begegnungen Kardinal Ratzingers mit einem anderen großen Sohn Bayerns, mit Franz Josef Strauß. Es war etwas ganz Besonderes, als junger Mann an der Seite von Franz Josef Strauß die Diskussionen dieser beiden großen Intellektuellen zu erleben, insbesondere über das Verhältnis von Staat und Kirche in unserer Zeit. Beide wussten um ihr Temperament, das unterschiedlicher gar nicht sein konnte. Umso größer schienen mir der gegenseitige Respekt und die Anerkennung der jeweiligen Argumente. Die Predigt Kardinal Ratzingers zur Beisetzung von Franz Josef Strauß in Rott am Inn gehört zu den bewegenden Momenten meines Lebens. Ohne ein Blatt Papier, völlig frei und mit wunderbaren klaren Gedanken hat Kardinal Ratzinger die große Persönlichkeit von Franz Josef Strauß gekennzeichnet. Wer in der Kirche oder am Fernsehapparat dabei war, wird es nie vergessen.

Die erste Auslandsreise eines bayerischen Ministerpräsidenten führt in guter Tradition zum Papst nach Rom. Für mich war es ein Herzensanliegen, 1993 in meinem neuen Amt neben Johannes Paul II. auch dem Präfekten der Glaubenskongregation zu begegnen. Es war – und ist – für mich ein unschätzbares Privileg, in besonderen Fragen mit Kardinal Ratzinger und sogar heute mit Papst Benedikt XVI. persönlichen Kontakt bekommen zu können. Gerade dem Politiker kann theologische

◀ *Zwei bayerische Kinder heißen den Heiligen Vater am 9. September 2006 am Flughafen München willkommen.*

»Nachhilfe« von höchster Stelle gelegentlich nicht schaden. Umgekehrt ist es auch im Interesse der Kirche, wenn ihre Lehre und ihre Argumente bei Politikern auf fruchtbaren Boden fallen. Im Jahr 1994 wurde in Deutschland intensiv über die Abschaffung des Pfingstmontags als gesetzlichen Feiertag diskutiert. Ich war gegen diese Abschaffung und wollte meine Position so weit wie möglich mit guten, gewichtigen Argumenten untermauern. So bat ich um ein Telefonat mit dem deutschen Präfekten der Glaubenskongregation in Rom, das mir auch gewährt wurde. Zunächst war ich beinahe enttäuscht, als mir Kardinal Ratzinger erläuterte, dass der Pfingstmontag im katholischen Italien gar kein gesetzlicher Feiertag sei. Überdies sei dieser Tag auch in seiner theologischen Bedeutung nicht mit dem Ostermontag zu vergleichen. Aber, so erklärte mir der oberste Glaubenshüter der katholischen Kirche, die Abschaffung des gesetzlichen Feiertags am Montag könne dazu führen, dass sich das für uns Christen so bedeutsame Pfingstfest in der Wahrnehmung zu einem einfachen Sonntag im Jahreskreis entwickle. So ging ich, von höchster Autorität argumentativ gestärkt, in die weiteren politischen Diskussionen, die dann auch zum von mir angestrebten Ergebnis führten.

Hadrian VI., 1522 bis 1523 – wer sich für deutsche Päpste interessiert, muss weit zurückblicken in die Geschichte. Umso größer war die Freude, als weißer Rauch in Rom den neuen Papst ankündigte: *Habemus Papam – Cardinale Ratzinger!* Die Reisen nach Rom zur Trauerfeier für Papst Johannes Paul II. und zur Amtseinführung Benedikts XVI. haben mich tief beeindruckt. Gemeinsam mit vielen, vielen Gläubigen aus Bayern und ganz Deutschland war in der Ewigen Stadt bei aller Heiterkeit auch die unendliche Verantwortung zu spüren, die die Nachfolge des Apostels Petrus bedeutet. In diesem Bewusstsein hat sich Papst Benedikt XVI. den Gebeten der Christen anvertraut.

Selbstverständlich machten die höchsten Repräsentanten unseres Staates, ob Katholiken oder Protestanten, dem neuen Oberhaupt der Weltkirche ihre Aufwartung. Dabei war es für mich sehr interessant zu erleben, wie diese Persönlichkeiten auf den Glanz des Heiligen Stuhls und die Ausstrahlung des neuen Papstes reagierten. Deutlich wurden unterschiedliche Einflüsse bis zurück in die frühe Kindheit, die sich sogar unter Ehepartnern und ihren Gesten zeigten. Beeindruckt und bewegt von der Größe der Geschichte und des Augenblicks waren wir alle.

Papst Benedikt XVI. begeistert und erreicht wie niemand sonst gerade auch junge Menschen. Sie spüren, dieser Papst gibt Orientierung und Halt, er ist glaubwürdig und er hat eine klare Botschaft. Viele fasziniert besonders, wie Papst Benedikt XVI. immer wieder spontan und herzlich auf die Gläubigen zugeht und sich viel Zeit für sie nimmt. Er verströmt dabei eine große Menschlichkeit und Leichtigkeit. Wie sein Vorgänger Papst Johannes Paul II. wird er konfessionsübergreifend als große moralische Autorität wahrgenommen, als einer, der freundlich, aber unnachgiebig Werte verkörpert und einfordert. Jede Gesellschaft beruht auf einem Fundament, das sie nicht selbst schaffen kann. Das sind für uns die christlichen Grundsätze und Grundwerte.

Ich verstehe die Botschaft Papst Benedikts XVI. so, dass wir Christen unsere Werte und Wurzeln offensiv leben und vertreten sollen. Schon allein die Globalisierung in all ihren Ausprägungen zwingt uns dazu, dass wir uns unserer eigenen Tradition und unserer Wertvorstellungen wieder bewusst werden. Viele andere Völker und Länder, die mit uns in das 21. Jahrhundert eintreten, sind sich ihrer Tradition und ihres Glaubens gewiss. Wir können darauf nicht mit Beliebigkeit antworten. Die Menschen suchen eine Sinngebung für ihr Leben über das rein Materielle hinaus. In einer schwieriger werdenden Welt steht der Papst für Beständigkeit, Verlässlichkeit und Bindung. Es sind die christlichen Werte wie die Einzigartigkeit jedes einzelnen Menschen vor Gott, egal ob alt oder jung, reich oder arm, schwach oder stark, die eine große Anziehungskraft ausüben. Das ist die Nächstenliebe als Maß alles Menschlichen. Es ist die Gleichberechtigung von Mann und Frau, Ehe und Familie als Lebensform, wo man füreinander da ist und füreinander einsteht. Es sind Werte wie Toleranz und Freiheit.

»Wer glaubt, ist nie allein.« Besser als mit dem Motto des Papstbesuches in Bayern im September 2006 lässt sich die Geborgenheit im Glauben nicht ausdrücken. Mit großer Freude und Dankbarkeit denken die Menschen im Freistaat Bayern auch heute noch an den Besuch des Heiligen Vaters in seiner Heimat zurück, der alle Erwartungen übertroffen hat. Das war ein historisches Ereignis, ein Fest des Glaubens und ein Fest für Bayern. 1982, als er nach Rom ging, hatte sich Kardinal Ratzinger an der Münchner Mariensäule als Erzbischof der Erzdiözese München und Freising von uns verabschiedet. Als Oberhaupt der römisch-katholischen Kirche kam er fast fünfundzwanzig Jahre später zurück und sprach im Herzen Bayerns, zu Füßen der *Patrona Bavariae*, ein bewegendes Gebet.

Die Zugewandtheit des Heiligen Vaters zur Welt wird in der folgenden kleinen Anekdote deutlich: Ursprünglich sollte der Papst während des Oktoberfests nach Bayern kommen. Das Münchner Ordinariat hat im Vatikan auf diese Überschneidung hingewiesen, ist aber auf der Arbeitsebene damit nicht durchgedrungen. Daraufhin habe ich gebeten, dem Papst diesen Sachverhalt unbedingt persönlich vorzulegen mit dem Hinweis, als früherer Erzbischof von München und Freising könne er das richtig einschätzen. Und so war es dann auch. Die Reise wurde verlegt. Papst Benedikt XVI. hat selbst dafür gesorgt.

# FRANZ-PETER TEBARTZ-VAN ELST

# Der Kirche Gesicht und Stimme geben

### Petrusdienst als pastorale Sendung

»Ich bin gekommen, um den Menschen zu begegnen und mit ihnen über Gott zu sprechen.«[1] Mit diesen scheinbar einfachen und doch so tiefgründigen Worten hat Papst Benedikt XVI. zu Beginn seiner Apostolischen Reise nach Deutschland vom 22. bis 25. September 2011 zusammengefasst, welches Anliegen er mit seinem Besuch verbindet. Zugleich hat er damit auch bewusst gemacht, welcher Dienst ihm als Nachfolger des Apostels Petrus aufgegeben ist. Er trägt die Verantwortung für die ganze Kirche des Erdkreises und ist so in besonderer Weise vom Herrn zu allen Menschen gesandt. In bewegenden Ansprachen und Predigten hat sich der Heilige Vater auf den Stationen seiner Reise in Berlin, Erfurt, im Eichsfeld und in Freiburg an die Menschen gewandt. Dabei ging es ihm um eine Verhältnisbestimmung von Natur und Vernunft, um eine Positionsbestimmung in der Ökumene und um die sakramentale Berufung der Kirche als Zeichen für die Welt. Im Bewusstsein dieser profunden Sendung hat er der Kirche Gesicht und Stimme gegeben und das Evangelium Jesu Christi verkündet. Sein kräftiges Zeugnis hat der Kirche in unserem Land die begründete Zuversicht gegeben: »Wo Gott ist, da ist Zukunft.«

Angesichts der Vielzahl von Erwartungen und Wünschen, Hoffnungen und Ansprüchen, die die Menschen an den Dienst des Papstes richten, lohnt es sich, Theologie und Persönlichkeit von Joseph Ratzinger/ Benedikt XVI. – besonders in Bezug auf den Petrusdienst – in den Blick

zu nehmen und zu würdigen. Der vorliegende Beitrag tut dies in großer Dankbarkeit für das klare und bewegende Glaubenszeugnis Papst Benedikts XVI. und in dem Bewusstsein, dass sein segensreicher Dienst für die ganze Kirche aus einem zutiefst geistlichen und theologischen Denken und Fühlen mit der Kirche (*sentire cum ecclesia*) kommt. Aus der Zusammenschau von Theologie, Biografie und Persönlichkeit von Joseph Ratzinger/Papst Benedikt XVI. wird ersichtlich, wie sehr er die Petrusnachfolge als Dienst und Sendung verwirklicht.

## »Ein Arbeiter im Weinberg des Herrn«

*Habemus Papam!* – Mit diesem freudigen Ausruf verknüpft sich ein einprägsames Bild: Als am Dienstag, 19. April 2005, um 18.48 Uhr, Joseph Kardinal Ratzinger als Benedikt XVI. auf die Benediktionsloggia von St. Peter trat, sah man, dass dieser Mann ganz und gar nicht damit gerechnet hatte, Papst zu werden. Die schwarzen Pulloverärmel, die aus dem Rochette bei den ausgestreckten Armen zum Vorschein kamen, zeigten das, was er in diesen Minuten in Bescheidenheit vor aller Welt bekannte: »Nach dem großen Papst Johannes Paul II. haben die Herren Kardinäle mich gewählt, einen einfachen und bescheidenen Arbeiter im Weinberg des Herrn. Mich tröstet die Tatsache, dass der Herr auch mit ungenügenden Werkzeugen zu arbeiten und zu wirken weiß. Vor allem vertraue ich mich euren Gebeten an. In der Freude des auferstandenen Herrn und im Vertrauen auf seine immerwährende Hilfe gehen wir voran. Der Herr wird uns helfen, und Maria, seine allerseligste Mutter, steht uns zur Seite.«[2]

Joseph Kardinal Ratzinger ist von seinen Mitbrüdern zum Nachfolger des heiligen Petrus gewählt worden. Schon in den Generalkongre-

◄ *Pilgerreise von Papst Benedikt XVI. vom 8. bis 15. Mai 2009 ins Heilige Land. Gottesdienst am 12. Mai im Josafat-Tal am Ölberg in Jerusalem. Papst Benedikt XVI. grüßt die Gläubigen.*

gationen, die nach dem Tod von Papst Johannes Paul II. bis zum Beginn des Konklaves am 18. April 2005 stattfanden, hatte sich den wählenden Kardinälen vermittelt: Der Nachfolger muss nahe am Vorgänger sein und doch muss er ein eigenes Charisma haben.

Beides vermittelt Papst Benedikt XVI. auf eindrucksvolle Weise. Wer ihn hört und sieht, spürt seine persönliche Bescheidenheit und seine freundliche Zugewandtheit. Wer ihm persönlich begegnet, ist tief beeindruckt von seiner Präsenz in der Begegnung, seinem aufmerksamen Blick und seinem phänomenalen Gedächtnis für Menschen.

Wegweisend und einprägsam sind viele seiner Worte, die die Botschaft unseres christlich-kirchlichen Glaubens in großer Klarheit herausstellen. Wie eine Kurzformel des Christentums ist sein Wort: »Wer glaubt, ist nie allein!«[3] Wie eine Verheißung klingt seine Erinnerung an die Jugendlichen: »Habt keine Angst vor Christus! Er nimmt nichts, und er gibt alles.«[4]


Wer ist dieser Nachfolger des heiligen Petrus, dem Gottes Geist die Gabe des Wortes auf so überzeugende Weise geschenkt hat? Joseph Aloysius Ratzinger wurde am Karsamstag, 16. April 1927, geboren. Seine Taufe so nahe an Ostern wurde für ihn zu einer Glaubensgewissheit, die aus seiner gesamten Verkündigung und Theologie spricht. Schon früh wurde Joseph Ratzinger ein leidenschaftlicher Theologe. In Münster und an den vielen anderen Universitätsstädten, in denen er als Dogmatiker und Fundamentaltheologe wirkte – Freising, Bonn, Tübingen und Regensburg – erinnern sich ganze Theologengenerationen dankbar daran, wie er Menschen das Geheimnis unseres christlich-kirchlichen Glaubens erschließen konnte, weil er selbst darin zu Hause war. Der »Professor« war für die Studierenden ein *Confessor*, ein »Bekenner«.

Von 1977 bis 1982 war er Erzbischof von München und Freising. Schon wenige Monate nach seiner Bischofsweihe erfolgte die Erhebung zum Kardinal. 1981 berief ihn Papst Johannes Paul II. zum Präfekten der Glaubenskongregation. Er war Präsident der Päpstlichen Bibelkommission und der Internationalen Theologenkommission, seit 2002 zudem Dekan des Kardinalskollegiums. In diesem Amt hat er in seiner weltweit beachteten Predigt zu Beginn des Konklaves 2005 darauf verwiesen, wie sehr unsere Zeit von einer »Diktatur des Relativismus«[5] bestimmt ist, in der so vieles »gleich-gültig« nebeneinander steht. Die in unserer Zeit so stark angefragten und beschworenen Werte gibt es aber nicht ohne Wahrheit, ohne bindende, verbindende und verbindliche Überzeugungen. Für Papst Benedikt XVI. ist die Kirche Zeugengemeinschaft und Überzeugungsgemeinschaft. Dieser Standpunkt vermittelt, was Biografie und Theologie Joseph Ratzingers durch alle Jahre auszeichnet und kennzeichnet und was sich mit einem Wort des früheren Mailänder Erzbischofs Kardinal Martini treffend zusammenfassen lässt: »Die Kirche erfüllt nicht Erwartungen, sie feiert Geheimnisse.«[6]

Weil die Kirche aus Gott ist, kann und muss sie für den Menschen eintreten. Diesen inneren Zusammenhang hat Papst Benedikt XVI. schon in der Predigt bei seiner Einführung am 24. April 2005 treffend ins Wort gebracht: »Es gibt nichts Schöneres, als vom Evangelium, von Christus gefunden zu werden. Es gibt nichts Schöneres, als ihn zu kennen und anderen die Freundschaft mit ihm zu schenken.«[7] Wer diesen Zusammenhang von Gottes- und Nächstenliebe als Wesensprinzip christlicher Gemeinschaft verstehen will, muss tiefer in die Theologie Joseph Ratzingers vordringen. Wie sehr Theologie und Persönlichkeit miteinander verknüpft sind, lässt sich besonders eindrücklich an der Frage ablesen: Welche theologischen Grundlinien hat der Theologe Joseph Ratzinger im Blick auf die Kirche und das Amt entwickelt, das er als Benedikt XVI. seit April 2005 innehat?

## Eucharistisches Verständnis der Kirche

Im theologischen Denken Joseph Ratzingers nehmen Themen, die nach dem Wesen und der Gestalt der Kirche fragen, immer wieder einen breiten Raum ein. Darum gilt es zunächst der Frage nachzugehen, welches Bild von Kirche Joseph Ratzinger selbst in seiner Theologie entfaltet hat. Er beginnt bei der Eucharistie: Das letzte Abendmahl Jesu mit seinen Jüngern ist der eigentliche Akt der Kirchengründung. Hier wird der Bund, den das Volk Israel am Sinai mit Gott begonnen hat, auf eine neue und alles umfassende Wirklichkeit hin überboten. Der »Neue Bund« bekommt eine andere, gesteigerte Qualität: Die Gemeinschaft zwischen Gott und Mensch wird hier zur wirklichen Bluts- und Lebensgemeinschaft. Kirche ist der lebendige »Leib Christi«. Diesen Begriff als Bezeichnung für die Kirche entwickelt Joseph Ratzinger von den paulinischen Schriften her, stellt aber zugleich heraus, dass er nur der Formulierung nach etwas ist, das Paulus geprägt hat. Der Sache nach geht es um die Auslegung dessen, was Jesus mit seinen Jüngern beim letzten Abendmahl vollzogen hat: Das sogenannte »neue Volk« empfängt vom Herrenmahl her seine wesenhafte Wirklichkeit. Joseph Ratzinger bringt das auf die Formel: »Kirche ist Volk Gottes nur im und durch den Leib Christi.«[8]

»Leib Christi« bezeichnet für ihn gerade nicht etwas Mystisch-Unanschauliches, sondern ist sichtbare und greifbare Realität, ganz besonders und vor allem in der Feier der Eucharistie. Kirche ist Sakrament – ganz so, wie der Theologe Wolfgang Beinert es einmal formuliert: »Eucharistie wirkt Kirche – Kirche wirkt Eucharistie.«[9] Darin sind für den Theologen Joseph Ratzinger alle weiteren Konsequenzen notwendig enthalten: Weil Christus in jeder feiernden Ortskirche ganz anwesend ist, er aber dennoch überall der eine ist, fordert die Teilhabe an diesem einen Herrenleib Einheit. Diese Einheit der Eucharistie feiernden Gemeinde ist nicht eine äußere Zutat, sondern innere Bedingung. In jedem Hochgebet verdeutlicht sich dieser Zusammenhang. Papst und Ortsbischof werden nicht an dieser Stelle namentlich genannt, weil sie entsprechend hofiert werden müssten oder weil sie ausdrücklich an dieser Stelle besonders des Gebetes der Gemeinde bedürften. Durch die Nennung von Papst und Bischof bekundet die feiernde Gemeinde die Übereinstimmung des eigenen Glaubens mit dem des Papstes und des Bischofs. Dies macht das Bekenntnis katholisch.

Der Bischof steht dafür, dass seine Teilkirche eucharistisch ist, das heißt, dass die Kirche, der er vorsteht, dem Grundanliegen der Eucharistie entspricht, dass seine Ortskirche teilhat an der *Communio*, an der »Kommunion« des ganzen – *einen* – Leibes Christi. Noch einmal: Weil die Kirche aus dem Geheimnis der Eucharistie entsteht (und dies durchaus immer neu), ist sie für den Theologen Joseph Ratzinger notwendig *sichtbar*, *greifbar* und verlangt ebenso notwendig immer nach *Einheit*.[10]

## Das Amt und die Einheit

Aus dem Verständnis der Kirche als eucharistischer *Communio* im theologischen Denken Joseph Ratzingers ergibt sich folgerichtig, dass diese Kommuniongemeinschaft nicht von einem monarchischen Oberhaupt, einem zentralen Parlament oder von einer Art aristokratischem Senat regiert wird.[11] Die Kirche ist vielmehr den Bischöfen anvertraut, die durch die Leitung der jeweiligen Ortskirchen die Gesamtheit der Kirche »mitleiten«[12]. Aus diesem Grund aber leiten sie die Teilkirchen nicht in Konkurrenz gegeneinander, sondern aufeinander hin – in die Katholizität hinein. Entscheidend verkürzt wäre die Position des Theologen Joseph Ratzinger allerdings, würde man es bei dieser Darstellung belassen. »Das Leiten der Ortskirchen ist, wiederholen wir es, Mitleiten der Gesamtkirche.«[13] Die Kollegialität verwirklicht sich – darauf weist er nachdrücklich hin – zuerst und grundlegend im Leiten der Ortskirche, und zwar gemäß der in der Weihe dem einzelnen Bischof übertragenen Verantwortung. Gemeint ist eine Leitung auf und in das Miteinander des Ganzen hin.

Es tritt jedoch notwendig ein Zweites hinzu: Das Organ des beschriebenen »Aufeinander-hin«, das Organ der Kommunioneinheit aller Teilkirchen, ist der Papst. Als Bischof seiner Teilkirche Rom und als Nachfolger des Petrus im Felsenamt macht er die Einheit sichtbar und hält diese im Vollzug.[14] In der Gesamtkirche, die in diesem Sinn mehr ist als die Summe von Ortskirchen, verbürgt die Gemeinschaft mit dem Bischof von Rom Katholizität und Apostolizität. Ohne die Gemeinschaft mit dem Petrusnachfolger wäre der einzelne Bischof nicht wahrer Bischof im Sinne der Kirche und seine Diözese nicht mehr »katholisch«. Der Vorrang Roms resultiert primär also nicht aus administrativen Gründen. Er ergibt sich vielmehr daraus, dass der Bischof von Rom zugleich auch Nachfolger im Petrusdienst ist.

Sosehr die Kirche eine *Communio* ist und sie es von der Eucharistie her auch immer mehr wird, ist dabei wesentlich zu beachten: Im sogenannten »neuen Volk Gottes« ist jeder persönlich berufen. Dies wird darin sichtbar, dass jeder Christ persönlich durch das Sakrament der Taufe in den Leib Christi, die Kirche, als dem neuen Gottesvolk eingegliedert wird und damit bleibend zu persönlicher Buße, Umkehr und Erneuerung gerufen ist.[15] Die Berufung des neuen Gottesvolkes konkretisiert sich in der jeweiligen Initiation des einzelnen Christen in die *Communio* der Gesamtkirche. Im Horizont dieser theologischen Gegebenheit verbietet sich jeder Parochialismus, der die einzelne Gemeinde als autonom oder sogar autark sehen möchte. Wie sehr die Gesamtkirche durch den Dienst des einzelnen Getauften und ausdrücklich im kirchlichen Amt aufgebaut und getragen wird, ist in jeder Eucharistiefeier ablesbar. Die namentliche Nennung derer im Hochgebet, die Verantwortung für die Einheit tragen, ist damit immer zugleich der Ausweis, wie sich Katholizität in Personalität konkretisiert. »Dieser personalen Struktur entspricht es auch, dass es in der Kirche nie die anonyme Gemeindeleitung gegeben hat.«[16] Die Bischofslisten der frühen Kirche, besonders auch die Grußlisten in den Briefen des Apostels Paulus, geben hierfür ein eindrucksvolles Zeugnis. Sie belegen die namentliche Verantwortung der Zeugen Jesu Christi vor dem Angesicht der Geschichte. »Dieser Vorgang«, so schreibt Joseph Ratzinger, »entspricht zutiefst der zentralen Glaubensstruktur des Neuen Testaments: Dem Zeugen Jesus Christus entsprechen die Zeugen, die, eben weil sie Zeugen sind, mit Namen für ihn einstehen«[17]. Das Erleiden des Martyriums als Antwort auf das Kreuz Jesu Christi wird so zur Bestätigung des Prinzips der namentlich-persönlichen Verantwortung. Diese Namentlichkeit der Zeugenschaft ist in der Theologie Joseph Ratzingers Urgrund und Grundform christlicher Nachfolge überhaupt. Sie meint jeden Getauften und Gefirmten gemäß des je eigenen Charismas als Beitrag zum Ganzen der Kirche.

Dieser Zusammenhang bildet für Joseph Ratzinger auch die Grundlage der Petrustheologie des Neuen Testaments. Das »Wir« der Kirche beginnt mit dem, der namentlich und als Person zuerst das Christusbekenntnis vorgetragen hat: »Du bist der Messias, der Sohn des lebendigen Gottes« (Mt 16,16). Damit ist die Person des Petrus nicht von dem genannten Bekenntnis zu trennen, da es dieses nur als persönlich verantwortetes gibt und es auf diese Weise an die Person gebunden ist.[18] Die von Jesus Christus gestiftete besondere *Wir*-Einheit der Christen wird durch persönliche Träger der Verantwortung für die Einheit zusammengehalten. Dies stellt sich personalisiert in Petrus dar, der durch den Empfang des neuen Namens auf der einen Seite persönlich verantwortlich bleibt, auf der anderen Seite aber auch zu einer die Geschichte durchschreitenden Institution wird.[19] Das theologisch Wichtige – und durch die Setzung Christi Unaufgebbare – ist die Nachfolge im Felsenamt des Petrus durch den Bischof von Rom.

## Die im Papst geeinte Kirche

Auf der Grundlage der eucharistischen Ekklesiologie und in Anlehnung an den Apostel Paulus entwickelt der Theologe Joseph Ratzinger das Bild der Kirche als »Volk Gottes vom Leib Christi her«. Daraus ergibt sich für ihn, dass die Gesamtkirche mehr ist als die Summe der Ortskirchen. Sosehr die universale Kirche aus und in den einzelnen Ortskirchen besteht, ja sogar jede feiernde Gemeinde das Ganze der Kirche verkörpert, so wenig sind sie private Versammlungen zufällig ähnlich motivierter Zeitgenossen. Die bischöfliche Verfassung der Kirche, genauer der jeweilige Bischof am Ort, steht für die Einheit seiner

Ortskirche mit den miteinander in Kommuniongemeinschaft stehenden Ortskirchen und der des Petrusnachfolgers im »Felsenamt«[20].

Das Amt des Papstes ist damit unverzichtbarer Teil der bischöflichen Kollegialität. Für die bereits geeinten Kirchen und auch für den Papst selbst bildet es die bleibende Aufforderung zu einer demütigen und immer christusgemäßeren Verwirklichung dieser Aufgabe; für die von Rom getrennten Christen bleibt es die mahnende Herausforderung zur Einheit.

Alle skizzierten ekklesiologischen Grundbegriffe Joseph Ratzingers sind auf die Bedeutung der Einheit der Kirche als Sakrament des Leibes Christi ausgerichtet. Den Schlüssel zum rechten Verständnis bildet sein Ansatz vom eucharistischen Wesen der Kirche. Diese fundamentale Gegebenheit verlangt heute auch in der Pastoral dringend nach Vergewisserung; gerade, wo sich gegenwärtig in vielen Diözesen die Frage nach der Gestalt der Pfarrei von morgen stellt: »Wo Kirche sich von der Eucharistie her als Sakrament versteht und damit ihren Verweischarakter in der Welt unter Beweis stellen will, geht es um die Veranschaulichung dessen, was Christus getan hat. Seine ›Existenz im Empfang‹ und seine ›Antwort als Hingabe‹ ratifizieren eine fundamentale Bewertung innerhalb der trinitarischen *Communio* der Kirche. Wo eine Gemeinde die Lebenswirklichkeit an unterschiedlichen Lebensthemen und -orten als ›Nachvollziehen der Hinkehrbewegung Christi an den Vater‹ versteht, stellt Kirche sich als Sakrament dar. An dieser Denkrichtung zeigt sich, dass J. Ratzingers *Communio*-Begriff auch die Kreuzeswirklichkeit des Lebens impliziert.«[21]

In diesem Verständnishorizont vermittelt sich: Kirche ist kein Verein, sie ist »Zeichen und Werkzeug für die innigste Vereinigung mit Gott wie für die Einheit der ganzen Menschheit« (LG 1)[22] – sie ist Sakrament. So ist das Amt des Papstes Dienst an der Einheit, der durch die persönlich getragene Verantwortung des Petrusnachfolgers mehr ist als eine rein moralische Größe.

## Das Charisma der Persönlichkeit

Das Spezifische der Theologie Papst Benedikts XVI. ist die Ausrichtung am Glauben der Kirche. Dadurch, dass und wie er sich mit seinem Denken und Dienst ganz ihr zur Verfügung stellt, bezeugt er jene *humilitas*, die Christus verkörpert. Papst Benedikt XVI. will den Glauben der Kirche »mitdenken«, indem er zugleich mit den Menschen unserer Zeit fühlt. Auf diese Weise trägt er den Glauben der Kirche in das Heute der Gegenwart und prägt ein *Aggiornamento*, das nicht Anpassung an die Welt, sondern Wegweisung für die Welt ist.[23] In diesem Sinn ist Papst Benedikt XVI. mit seiner Ekklesiologie und Theologie zutiefst Zeuge des Zweiten Vatikanischen Konzils, das in der Pastoralkonstitution dazu mahnt, die Zeichen der Zeit »im Licht des Evangeliums zu deuten« (GS 4)[24].

Schon anlässlich seiner Bischofsweihe 1977 wählte Joseph Ratzinger ein Wappentier aus, das neben anderen Symbolen noch heute in der päpstlichen Heraldik zu sehen ist: den Bären aus der Legende des heiligen Korbinian. Demnach hatte ein Bär den Heiligen auf seinem Weg nach Rom in einem Wald angefallen und sein Packpferd gerissen. Da habe Korbinian ihm die Lasten aufgepackt und der Bär trug diese bis nach Rom. Die Tradition sieht seit vielen Hundert Jahren in diesem durch die Gnade Gottes bezwungenen Bären die Gestalt des Bischofs, der ganz für Gott zum Packtier wird. Ähnlich hat es der heilige Augustinus, der große theologische Lehrer und geistliche Vater Papst Benedikts XVI., ins Wort gebracht. Zu Gott spricht er: »Ein Zugtier bin ich vor dir, für dich, und gerade so bin ich bei dir.«[25]

In dieser persönlich bescheidenen und von großer Demut geprägten Haltung ist der Heilige Vater in seinem Dienst für die ganze Kirche im Herbst 2011 auch zu uns nach Deutschland gekommen, um »den Menschen zu begegnen und mit ihnen über Gott zu sprechen«[26]. So wie er es bei seiner Ansprache im Berliner Olympiastadion am 22. September 2011 zum Ausdruck gebracht hat, lebt er den Petrusdienst als Segen für die ganze Kirche. Seine Worte wecken die große Dankbarkeit, zur Kirche Jesu Christi gehören zu dürfen, und bewegen zu der Bereitschaft, die Sendung der Kirche mitzutragen: »In Christus bleiben heißt, wie wir bereits gesehen haben, auch in der Kirche bleiben. Die ganze Gemeinschaft der Gläubigen ist in den Weinstock Christus fest hineinverfügt. In Christus gehören wir zusammen. In dieser Gemeinschaft trägt er uns und zugleich tragen alle Glieder sich gegenseitig. Wir halten gemeinsam Stand gegen den Sturm und geben einander Schutz. Wer glaubt, ist nicht allein. Wir glauben nicht alleine, wir glauben mit der ganzen Kirche aller Orte und Zeiten, mit der Kirche im Himmel und auf der Erde. (...) Mit der Kirche und in der Kirche dürfen wir allen Menschen verkünden, dass Christus die Quelle des Lebens ist, dass er da ist, dass er das Große ist, nach dem wir Ausschau halten und uns sehnen. Er schenkt sich selbst und schenkt uns damit Gott, das Glück, die Liebe. Wer an Christus glaubt, hat Zukunft. Denn Gott will nicht das Dürre, das Tote, das Gemachte, das am Ende weggeworfen wird, sondern das Fruchtbare und das Lebendige, das Leben in Fülle und er gibt uns Leben in Fülle.«[27]

# Anmerkungen

1 »Auch wenn diese Reise ein offizieller Besuch ist, der die guten Beziehungen zwischen der Bundesrepublik Deutschland und dem Heiligen Stuhl festigen wird, bin ich nicht in erster Linie hierhergekommen, wie es andere Staatsmänner tun, um bestimmte politische oder wirtschaftliche Ziele zu verfolgen, sondern um den Menschen zu begegnen und mit ihnen über Gott zu sprechen.« (Ansprache von Papst Benedikt XVI. bei der Willkommenszeremonie am Schloss Bellevue in Berlin, 22. September 2011, in: *Verlautbarungen des Apostolischen Stuhls,* Nr. 189, hrsg. vom Sekretariat der Deutschen Bischofskonferenz, Bonn 2011, S. 23ff.).

2 Benedikt XVI., Ansprache beim Segen Urbi et Orbi am 19. April 2005, in: *L'Osservatore Romano,* dt., 22. April 2005; vgl. *Verlautbarungen des Apostolischen Stuhls*, Nr. 168, hrsg. vom Sekretariat der Deutschen Bischofskonferenz, Bonn 2005, S. 18.

3 Benedikt XVI., Predigt in der heiligen Messe zur Amtseinführung am 24. April 2005, in: *L'Osservatore Romano,* dt., 29. April 2005; vgl. *Verlautbarungen des Apostolischen Stuhls,* Nr. 168, hrsg. vom Sekretariat der Deutschen Bischofskonferenz, Bonn 2005, S. 30.

4 Ebd., S. 36.

5 Benedikt XVI., Predigt in der heiligen Messe *Pro eligendo Romano Pontifice* am 18. April 2005 (Orig. ital. in: *L'Osservatore Romano*, 19. April 2005); dt. in: *Verlautbarungen des Apostolischen Stuhls,* Nr. 168, hrsg. vom Sekretariat der Deutschen Bischofskonferenz, Bonn 2005, S. 14.

6 C. M. Martini / U. Eco: *Woran glaubt, wer nicht glaubt?,* München 1999, S. 64.

7 Benedikt XVI., Predigt in der heiligen Messe zur Amtseinführung, S. 35.

8 J. Ratzinger, Vorwort von 1992 zur Neuauflage der Dissertation *Volk und Haus Gottes in Augustins Lehre von der Kirche* (MThS. S. 7), München 1954; Neudruck St. Ottilien 1992; zit. aus: Ders., *Vom Wiederauffinden der Mitte. Grundorientierungen. Texte aus vier Jahrzehnten,* hrsg. vom Schülerkreis, Freiburg 1997, S. 25–34, hier S. 29. Vgl. dazu: F.-P. Tebartz-van Elst, *Gemeinde in mobiler Gesellschaft. Kontexte – Kriterien – Konkretionen* (S.Th.P.S. 38), Würzburg ²2001, S. 576f.

9 W. Beinert, Eucharistie wirkt Kirche – Kirche wirkt Eucharistie, in: *StdZ* 10 (1997), S. 665–677.

10 Vgl. dazu: F.-P. Tebartz-van Elst, *Gemeinde in mobiler Gesellschaft,* S. 578–582.

11 Vgl. dazu die aus J. Ratzingers Sicht klare »Absage« des Ersten Vatikanums gegenüber den geschichtlichen Spielarten von Konziliarismus und Kurialismus/Papalismus.

12 Vgl. J. Ratzinger, Fragen zu Struktur und Aufgaben der Bischofssynode, in: *Kirche, Ökumene und Politik. Neue Versuche zur Ekklesiologie,* Einsiedeln 1987, S. 57f.

13 J. Ratzinger, Fragen zu Struktur und Aufgaben der Bischofssynode, S. 58.

14 Vgl. ebd., S. 58.

15 Vgl. dazu: F.-P. Tebartz-van Elst, *Gemeinde in mobiler Gesellschaft,* S. 579ff.

16 J. Ratzinger, Der Primat des Papstes und die Einheit des Gottesvolkes, in: Ders. (Hg.), *Dienst an der Einheit. Zum Wesen und Auftrag des Petrusamtes* (SKAB 85), Düsseldorf 1978, S. 169.

17  J. Ratzinger, Der Primat des Papstes, S. 169.

18  Vgl. J. Ratzinger, Der Primat des Papstes, S. 171.

19  Vgl. ebd.

20  Vgl. dazu: F.-P. Tebartz-van Elst, *Gemeinde in mobiler Gesellschaft*, S. 576ff.

21  F.-P. Tebartz-van Elst*, Gemeinde in mobiler Gesellschaft*, S. 577f.

22  Dogmatische Konstitution über die Kirche *Lumen Gentium*, Art. 1.

23  Vgl. F.-P. Tebartz-van Elst, *Werte wahren – Gesellschaft gestalten. Plädoyer für eine Politik mit christlichem Profil*, Kevelaer 2012, S. 138ff.

24  Pastoralkonstitution über die Kirche in der Welt von heute *Gaudium et Spes,* Art. 4.

25  Psalmenmeditation des heiligen Augustinus zu Vers 22 und 23 des Psalms 72 (73). Vgl. dazu: J. Ratzinger, *Aus meinem Leben. Erinnerungen (1927–1977)*, München ⁴2000.

26  Ansprache von Papst Benedikt XVI. bei der Willkommenszeremonie am Schloss Bellevue in Berlin, (vgl. Anm. 1).

27  Benedikt XVI., Predigt im Olympiastadion in Berlin am 22. September 2011, in: *Verlautbarungen des Apostolischen Stuhls*, Nr. 189, hrsg. vom Sekretariat der Deutschen Bischofskonferenz, Bonn 2011, S. 48ff.

KARL JOSEF WALLNER

# Benedikt XVI. und die Hochschule Heiligenkreuz

Seit 28. Januar 2007 trägt die Hochschule Heiligenkreuz den Namen von Papst Benedikt XVI. Mit diesem Tag nämlich hat der Heilige Vater unsere 1802 gegründete Ordenshochschule zur Hochschule päpstlichen Rechtes erhoben. Abt Gregor Henckel Donnersmarck hat ihr anlässlich der Erhebung den Namen des Papstes beigefügt. Somit ist die »Philosophisch-Theologische Hochschule Benedikt XVI. Heiligenkreuz« die erste, die diesen Namen trägt, wenngleich man sicher davon ausgehen kann, dass weitere Institute, Hochschulen und vielleicht sogar Universitäten dem Beispiel folgen werden. Dies wird nicht nur aus Ehrfurcht und Respekt vor dem gegenwärtigen Inhaber des Petrusamtes geschehen, sondern weil es evident ist, dass mit Joseph Ratzinger am 19. April 2005 ein »Jahrhunderttheologe« zum Papst gewählt worden ist.

Wenige Monate später, am 9. September 2007, besuchte Papst Benedikt XVI. persönlich das Stift Heiligenkreuz. Anlass war seine Wallfahrt zur *Magna Mater Austriae* (»großen Schutzfrau Österreichs«) in Mariazell. Der Besuch eines Papstes war etwas Erstmaliges und Einzigartiges in der Geschichte unseres Klosters, das immerhin seit 1133 ohne jede Unterbrechung besteht. Ausdrücklich galt die päpstliche Visite auch der Hochschule.

   Dies hatte für mich erstaunliche protokollarische Konsequenzen, denn so wurde mir als Rektor der Hochschule die Auszeichnung zuteil,

neben Abt Gregor Henckel Donnersmarck stets an der Seite des Heiligen Vaters sein zu dürfen.

Es gibt in meinem Kloster und unter den Professoren unserer Hochschule berufenere Kenner der Theologie Joseph Ratzingers als mich. So hat Gott es gefügt, dass am 10. Februar 2011 unser Professor für Fundamentaltheologie zum Abt gewählt wurde und somit als Großkanzler für die Hochschule verantwortlich ist: Abt Dr. Maximilian Heim ist »Ratzinger-Spezialist«; er hat seine Dissertation über die Entwicklungslinien der Theologie Joseph Ratzingers verfasst. Zudem hat Abt Maximilian seine Studie so sensibel verfasst, dass sie sogar Joseph Ratzinger selbst imponierte. Es kommt durchaus nicht häufig vor, dass sich Theologen mit dem identifizieren können, was andere über sie schreiben ... Doch wenige Wochen vor seiner Wahl zum Papst hat er ein Vorwort verfasst, das ebenso demütig ist, wie es auch eine warme Sympathie für den Autor ausstrahlt. Und im Juni 2011 hat Papst Benedikt XVI. dann in einer eindrucksvollen Feier drei Theologen – einer von ihnen war unser Abt Maximilian – für ihre herausragenden wissenschaftlichen Leistungen mit dem erstmals vergebenen »Ratzinger-Preis« ausgezeichnet. Dazu kommt, dass sowohl Abt Maximilian als auch unser Mitbruder, Dozent P. Dr. Justinus Pech, dem »Neuen Ratzinger-Schülerkreis« angehören.

Es gibt also Berufenere, um über den Theologen Benedikt XVI. zu schreiben. Ich selbst habe viel von Joseph Ratzinger gelesen, stehe aber vor allem aufgrund meiner Dissertation im Bann der Theologie von Hans Urs von Balthasar (1905–1988). Mit der Mentalität eines Literaturkritikers hat Balthasar gleichsam alles auf seinen theologischen Kern untersucht: Philosophie, Geistesgeschichte, Literatur, Kunst, Theologie ... Sosehr ich Balthasar schätze, weil er das letzte europäische Universalgenie war, sosehr sind mir mittlerweile auch die Nachteile seines

◀ *Papst Benedikt XVI. verlässt nach seinem Gebet die Gnadenkapelle in der Basilika in Mariazell/Österreich am 8. September 2007.*

theologischen Stils bewusst geworden: Er war nie Professor. Er war also nie gezwungen, sich systematisch und strukturiert auszudrücken. Ganz anders Ratzinger.

Wie sehr Balthasar und Ratzinger in der Grundlinie übereinstimmen und wie sehr sie doch im Stil verschieden sind, das kann der Leser leicht nachprüfen, wenn er sich das Vergnügen gönnt, Balthasars kleines Büchlein »Glaubhaft ist nur Liebe« mit der programmatischen ersten Enzyklika von Benedikt XVI. *Deus Caritas est* (»Gott ist die Liebe«) zu vergleichen! Ratzingers Stil ist *docibilis,* er ist »lehrbar«, also geeignet für den theologischen Unterricht. Man lese etwa die beiden »Jesus von Nazareth«-Bände, die Papst Benedikt XVI. verfasst hat. Da arbeitet der Theologenpapst die gesamte Problematik, die seit der liberalen Jesuskritik im 19. Jahrhundert aufgekommen war, bibeltheologisch systematisch Schritt für Schritt und Argument für Argument ab ... Und man vergleiche dazu etwa den ersten Band der Balthasar-Trilogie »Herrlichkeit«, der ein ähnliches Anliegen verfolgt, aber es auf ganz andere, mehr »literarische« Weise bewältigt.

Wenn ich den Eindruck habe, dass Ratzingers Theologie unterrichtsgeeignet ist, dann heißt das aber nicht, dass sie einfach »Schulbuchtheologie« wäre. Ratzinger hat einen feinen Stil, er erinnert an Romano Guardini oder seinen Lehrer Gottlieb Söhngen. Ratzinger schöpft immer aus dem Ganzen des Glaubens. Er schafft es, selbst bei kleinen Artikeln und Aufsätzen – oder bei päpstlichen Ansprachen – einen Aspekt des Glaubens so zum Leuchten zu bringen, dass dieser plötzlich interessant und spannend wirkt. Joseph Ratzinger ist ein Denker des Katholischen, ein Denker der Fülle des Glaubens. Es ist kein Zufall, dass unter seiner Leitung in sechsjähriger Arbeit der »Katechismus der Katholischen Kirche« als gleichsam letzte Frucht des Zweiten Vatikanischen Konzils entstanden ist.

Jede Zeit hat die Päpste, die sie braucht. Schon seit 1982 trug Joseph Ratzinger als Präfekt der Glaubenskongregation maßgeblich zur Gestaltung des theologischen Profils des Pontifikats von Johannes Paul II. bei. Ich schätzte ihn immer als Theologen. Als er sich nach seiner Wahl auf dem Balkon zeigte und sich als *umile lavoratore* (»demütigen Arbeiter«) bezeichnete, glaubte ich ihm das sofort. Wer Joseph Ratzinger persönlich erlebt hatte, wusste, dass dieser Mann sich nicht danach gedrängt hatte, in der ersten Reihe zu stehen. Er war ein Arbeiter, und zwar ein Arbeiter der besonderen Art: ein Denker, ein Intellektueller, ein Theologe, genauer noch: ein Theologie*professor*. Mir wurde erst viel später erzählt, dass es Benedikt XVI. die größte Freude bereitet, wenn seine Bücher gelesen werden und wenn sie etwas in den Menschen verändern. Die größte Freude, so wurde mir erzählt, bereitet es ihm, wenn ihm Menschen berichten, dass sie durch seine Bücher und Schriften im Glauben gestärkt oder vertieft oder gar bekehrt wurden.

Und genau diesen Eindruck hatte ich damals auch an jenem nebelfeuchten Morgen, als der frisch ins Amt gekommene Papst zum ersten Mal auf dem Weltjugendtag in Köln predigte.

Und doch war er jetzt nicht mehr bloß Professor Ratzinger, sondern er sprach als Papst, als Nachfolger des heiligen Petrus und als Stellvertreter Christi auf Erden. Und der deutsche Papst war durchaus charmant und bedankte sich mit verschmitztem Lächeln, wenn seine Predigt von Applaus oder *Benedetto, Benedetto*-Rufen unterbrochen wurde. Aber zugleich tat er rein gar nichts, um dieses fröhliche Trara zu fördern.

Da ich selbst Theologie unterrichten darf, kenne ich das Gefühl des Lehrers, der noch unbedingt den wichtigsten Stoff in seiner Vorlesung durchbringen will … Da befällt einen eine innere Unruhe, ja eine Art Drang, den schon Jesus im Johannesevangelium mit den Worten formulierte: »Noch vieles habe ich euch zu sagen …« (Joh 16,12). Mir wurde damals klar, dass dieser ehemalige deutsche Theologieprofessor der Kirche deshalb als oberster Hirte geschenkt worden ist, weil er genau von einem solchen Eros getrieben wird, die Fülle des Glaubens zu vermitteln und seine Inhalte in unsere Zeit hinein wieder verständlich und laut werden zu lassen. Am meisten musste ich über Benedikt XVI. schmunzeln, als er in seiner Predigt vor über einer Million Jugendlichen sogar »Sekundärliteratur« angab, indem er die jungen Leute auf den Katechismus verwies … Typisch Professor!

Noch etwas beeindruckt mich an der Art und Weise, wie Papst Benedikt XVI. sein »päpstliches Professorenamt« ausübt. Dies ist mir anhand seiner ersten und programmatischen Enzyklika *Deus Caritas est* deutlich geworden. Der Papst bleibt in seinen Überlegungen nie in den luftigen, abstrakten Wolken bloßer Theorie und Spekulation hängen, sondern seine Ausführungen sind immer »geerdet«. In dieser Enzyklika von 2006 behandelt der Papst das zentralste Thema des Christentums: »Gott ist die Liebe«, also den springenden Punkt des christlichen Offenbarungsglaubens. Es ist kein Zufall, dass seine Ausführungen aus zwei Teilen bestehen: Auf den ersten Teil, in dem die »Liebe« als Sehnsuchtsbegriff aller Menschen als Wesen Gottes ausgefaltet wird, folgt ein zweiter Teil, in dem es dem Papst um die konkrete Caritas-Arbeit der Kirche geht. Dort werden dann auch praktische Grundlinien für das kirchliche Liebesengagement aufgezeichnet. So ist diese Enzyklika einerseits aktuell-philosophisch und hoch-theologisch, andererseits wird deutlich, dass alle Theologie nur dazu dient, sich konkret in das Leben hinein auszuwirken. Der Wert christlicher Gläubigkeit wird also an der Art und Weise bemessen, wie sie konkret gelebt wird.

In diesem Zusammenhang möchte ich mir noch erlauben, einige subjektive Eindrücke wiederzugeben, die ich vom Menschen und Christen Joseph Ratzinger bzw. von Papst Benedikt XVI. gewonnen habe. An seiner Persönlichkeit imponiert mir die bescheidene Liebenswürdigkeit, die sich in einer fast schüchternen Demut äußert. Ich bin Kardinal Ratzinger nicht oft in meinem Leben begegnet und kann mich keiner besonderen Gespräche mit ihm rühmen. Es waren immer punktuelle, kurze und kleine Erlebnisse, die aber in meiner Erinnerung immer den Eindruck hinterlassen haben: Dieser große Mann der Kirche ist zutiefst demütig.

Jeder, der Joseph Ratzinger kannte, musste den Kopf schütteln, dass ihn manche Medien in seiner Zeit als Präfekt der Glaubenskongregation mit Bezeichnungen wie »Panzerkardinal« titulierten. Natürlich war Joseph Ratzinger in dieser Funktion für den Glauben der Kirche, für das »Dogma« verantwortlich. Natürlich war er auch vor seiner Berufung zum Erzbischof von München und Freising und dann zum römischen Kurienkardinal Dogmatikprofessor gewesen. Aber nach katholischem Verständnis ist »Dogma« nie das, was der weltliche Sprachgebrauch, der uns dieses Wort entwunden hat, versteht. Dogma hat nichts mit menschlicher Besserwisserei, sturer Unbelehrbarkeit und ideologischer Rechthaberei zu tun, sondern »Dogma« ist die von Gott geschenkte Wahrheit. »Dogma« ist das, was Gott uns *propter nostram salutem* (»um unseres Heiles willen«) gegeben hat. Dogma ist daher keine Waffe gegen andere, sondern eine Gabe zum Wohle aller. Und genau das hat Joseph Ratzinger auch als Theologe immer vermittelt.

Als junger Theologiestudent nahm ich zusammen mit Pater Gregor Henckel Donnersmarck in Eisenstadt an einem Priestertag teil, an dem der damalige Präfekt der Glaubenskongregation referierte. Ratzinger ließ sich in den Pausen regelrecht belagern und mit Fragen durchlöchern. Am Ende seiner Vorträge gab es noch eine lebhafte Diskussion, bei der einige (wenige) Priester die Gelegenheit nutzten, ihren Kirchenfrust in Worte zu fassen. Es waren keine Fragen, sondern eher ein Bombenhagel von Vorwürfen, der auf den Leiter der Glaubenskongregation niederging. Einzelne zynische Statements sind mir heute noch in Erinnerung, ebenso wie meine Bewunderung für den kleinen weißhaarigen Mann in Priesterzivil, der doch einer der mächtigsten Männer der Kirche war. Kardinal Ratzinger antwortete nicht nur mit Engelsgeduld, sondern er suchte auch immer das gütliche und sachliche Argument. Da stand einer Rede und Antwort, der nicht beherrschen, sondern überzeugen wollte.

Noch eine kleine persönliche Episode möchte ich erzählen. Kurz vor meiner Priesterweihe im November 1987 war Kardinal Ratzinger bei uns in Heiligenkreuz und feierte die Konventmesse. Ich durfte ihm als Diakon assistieren und nutzte die Gelegenheit: Ich bat ihn, meinen Primizkelch zu segnen, was er dann nach der heiligen Messe in der Sakristei auch bereitwillig tat. Man muss dazu wissen, dass der Ritus der Segnung liturgischer Kelche früher auch die Salbung mit Chrisam vorsah; die liturgische Reform hat eine einfache Segnung daraus gemacht. Als ich ihm den restaurierten alten Kelch und das *Benediktionale*, das liturgische Buch mit den Segensformeln, hinhielt, fragte er: »Brauchen wir nicht auch Chrisam?« Ich antwortete: »Das ist leider im neuen Ritus nicht mehr vorgesehen. Aber wenn Sie wollen, kann ich gerne welches holen.« Sein Blick war durchaus verschmitzt, als er antwortete: »Dieser Bugnini! Aber lassen Sie nur, ich bin ja ganz gehorsam und tue alles, was die Liturgie der Kirche vorsieht!« Man muss dazu wissen, dass Erzbischof Annibale Bugnini (1912–1982) maßgeblich für die nachkonziliare Reform der Liturgie – und damit so manchen Kahlschlag in den liturgischen Formen – verantwortlich war.

Mich hat dieses Wort vom »Gehorsam« damals so beeindruckt, dass ich mich danach vor allem auf die Bücher von Joseph Ratzinger über die Liturgie gestürzt habe. Dort betont er eindrucksvoll, dass die Liturgie etwas ist, wo der Priester nicht eigenmächtiger Gestalter eines menschenförmigen Spieles ist, sondern ein Geschehen mitgestaltet, das größer ist als sein persönliches Tun. Die Liturgie weitet den Menschen; sie ist eine Ordnung, die der Zelebrant nicht selbst hervorbringt, sondern die ihm als Geschenk anvertraut wird. Daher erfordert die rechte Weise der Zelebration vor allem die Demut, sich in diesen Raum der geschenkten Gnade hineinzubegeben.

Mit großer innerer Rührung erinnere ich mich daher noch an den Augenblick, wo der Heilige Vater uns am 9. September 2007 in Heiligenkreuz besuchte. Er saß auf dem Thron des Abtes, der unter der romanischen Ikone des auferstandenen Christus aufgestellt war, und war ganz offensichtlich glücklich, als unsere Schola das *Nos autem gloriari opportet* (»Wir müssen uns rühmen im Kreuz«) im gregorianischen Choral anstimmte. Ich saß damals wenige Meter neben dem Heiligen Vater und konnte sehen, wie der Papst tief versunken den jahrhundertealten Gesängen meiner Mitbrüder lauschte. Ich dachte: »Hier betritt ein Mensch demütig den weiten Raum Gottes, den uns die Liturgie eröffnet. Der Papst zeigt uns, worauf es in der Liturgie ankommt: sich von der Gegenwart Gottes beschenken zu lassen.« Übrigens hat Benedikt XVI. das damals in seiner Ansprache auch ausdrücklich formuliert: Eine Liturgie, die nur menschliche Inszenierung ist, ist in sich schon hohl und verfallen und wertlos.

Die liebenswürdige Demut des Papstes ist mir aber noch bei einer weiteren kleinen Begegnung deutlich geworden, und zwar in einer für mich zunächst beschämenden Weise. Immer (es war selten genug!), wenn ich in den 1980er- und 1990er-Jahren in Rom war, nützte ich die Gelegenheit, um am Donnerstagmorgen bei jener heiligen Messe zu konzelebrieren, die Kardinal Joseph Ratzinger regelmäßig in *Santa Maria della Pietà* auf dem *Campo Santo Teutonico* feierte. Diese Morgenmessen waren auch deshalb »Kult«, weil man da Menschen treffen konnte, die zwei seltene Eigenschaften miteinander verbanden: Begeisterung für die Theologie und Treue zur Kirche. Einmal ergab sich nach der heiligen Messe in der Sakristei nach dem Ablegen der liturgischen Gewänder die Gelegenheit zu einem kurzen Händedruck mit Kardinal Ratzinger. Ich war damals gerade frisch promoviert und sagte ihm, dass ich nun schon die Dogmatik an unserer Hochschule Heiligenkreuz unterrichte. »Dann sind Sie also Dogmatikprofessor«, lächelte Kardinal Ratzinger. »Ja!«, antwortete ich. Und dann kam es, denn Kardinal Ratzinger sagte: »Wie schön, dann sind wir ja Kollegen.« Ich muss sagen, dass mir das äußerst unangenehm war, denn als der Kardinal das Wort »Kollege« in den Mund nahm, lief es mir kalt über den Rücken, weil ich dachte, dass er sich über mich lustig machen wollte. Als »Kollege« eines Mannes, der Professor in Freising, Bonn, Münster, Tübingen und Regensburg gewesen war, fühlte ich mich überhaupt nicht. Aber er wollte mich nicht auf den Arm nehmen: Ein Blick in seine Augen zeigte, dass er das durchaus ernst, zumindest aber »nett« gemeint hatte. »Dann wünsche ich Ihnen Gottes Segen!«

Ich habe die Sakristei dann zwar einigermaßen gedemütigt verlassen, denn irgendwie war mir durch das Wort »Kollege« bewusst geworden, was für eine Verantwortung es bedeutet, »Dogmatikprofessor« zu sein, wenn auch nur an einer so kleinen Hochschule wie der von Heiligenkreuz. Zum anderen aber fühlte ich mich auch gestärkt, denn der »große Ratzinger« hatte mich nicht nur respektvoll behandelt, sondern mir auch Gottes Segen gewünscht.

Schon vorher war mir einmal im Leben eine solche innere Stärkung geschenkt worden: Als ich am 15. März 1988 Mutter Teresa von Kalkutta mit dem Auto nach ihrem Besuch in Heiligenkreuz in das Kloster ihrer Schwestern nach Wien zurückbrachte, wollte ich mich höflich von ihr verabschieden: »Mutter Teresa, ich werde in sechs Wochen zum Priester geweiht!« Da drückte sie mir einen großen Sack wunderbarer Medaillen in die Hand und sagte: *I will pray for you, that you will become a good and holy priest*! (»Ich werde für dich beten, dass du ein guter und heiliger Priester wirst.«) Solche Worte prägen sich dann der Seele ein. Mich hat die Erinnerung an diesen Augenblick, an dem mir eine Heilige das Gebet für das Gelingen meines Priestertums versprochen hat, immer getröstet und gestärkt. So wie mich die kleine Episode, bei der mich Joseph Ratzinger, jetzt Papst Benedikt XVI., »Kollege« genannt hat, bis heute ebenso demütigt wie aufbaut.

Mir wurde beim Besuch von Papst Benedikt XVI. am 9. September 2007 auch noch eine besondere Gnade geschenkt. Ich durfte nämlich direkt neben dem Papst stehen, als dieser die Hochschule vom Erker aus segnete. Wie gesagt, der Besuch des Heiligen Vaters galt sowohl dem Stift als auch der Hochschule, weshalb ich auch gemeinsam mit Abt Gregor den Papst am Portal der Abteikirche begrüßen durfte. Das war aber auch schon alles, was geplant war. Eigentlich hätte ich dann im Tross des *Seguito papale* irgendwo hinten verschwinden sollen, doch schon beim Einzug des Papstes schob mich einer der päpstlichen Leibwächter so, dass ich direkt hinter dem Heiligen Vater ging. Nach der Feier in der Abteikirche, in der uns Papst Benedikt XVI. eine wunderbare Ansprache über Ordensleben, Priesterausbildung und Theologiestudium hielt, ging der Papst über den Stiftshof, um von einem Erker des Stiftsmuseums aus die Menschenmenge zu segnen. Die Begeisterung kannte keine Grenzen. 13 000 Menschen jubelten dicht gedrängt dem Heiligen Vater zu. Neben dem Papst stand Abt Gregor, auf der anderen Seite hätte eigentlich Kardinal Schönborn stehen sollen, doch der hatte sich dezent zurückgehalten, sodass der päpstliche Reisemarschall plötzlich mich neben den Papst stellte.

Der Eindruck war überwältigend: Da stand ich kleines Mönchlein plötzlich neben dem Papst auf der Loggia und blickte hinunter auf die applaudierenden Gläubigen. Die Kulisse war beeindruckend: Wie beim feierlichen Segen *Urbi et Orbi* in Rom schwebte der Papst leicht erhöht über dem Volk und gab uns den Segen. Diese Bilder haben sich meinem Herzen eingeprägt. Der Papst war herzlich: ein freundliches Grußwort, ein großes Danke für die Geduld, ein herzlicher Ausdruck der Freude über das gemeinsame Christsein, dann der päpstliche Segen.

Nochmals: In den wenigen, aber doch so bemerkenswerten Begegnungen, die mir mit Kardinal Joseph Ratzinger bzw. Papst Benedikt XVI. geschenkt worden sind, habe ich ihn als bescheidenen, liebenswürdigen und zutiefst demütigen Menschen erlebt. Er ist eine lebendige Erinnerung daran, dass in der frühen Kirche »Theologie und Heiligkeit« zwei Kriterien waren, die unlösbar zusammengehörten. Die Hochschule, an der ich wirken darf, um mit meinen Kolleginnen und Kollegen Priester und Theologen für das dritte Jahrtausend auszubilden, steht unter dem großen Namen von Papst Benedikt XVI. Von daher sind wir verpflichtet, ihm nachzueifern und theologische Bildung so zu vermitteln, dass unsere Absolventen die Schönheit des geoffenbarten Glaubens nicht nur durch und durch erfassen, sondern auch durch ihr ganzes Leben bezeugen.

# »Weh mir, wenn ich das Evangelium nicht verkünde!« (I Kor 9,16)

Im Dezember 2011 besuchte ich die Abtei São Bento in São Paulo. Das älteste Benediktinerinnenkloster Brasiliens beging den hundertsten Jahrestag seiner Gründung und feierte ihn bei den Brüdern, weil dort mehr Raum für die Feierlichkeiten gegeben ist, genau in dem Kloster, in dem Papst Benedikt XVI. während seines Aufenthalts im Jahr 2007 in dieser Mammutstadt weilte. Als ich die Pontifikalvesper halten sollte, brauchte ich eine Mitra. Meine eigene hatte ich vergessen. So probierte ich sechs Mitren an, alle zu klein. Ich sagte: »Lasst es; besser keine Mitra als eine, die mir vom Kopf fällt. Es kommt nicht auf die Mitra, sondern auf euer Beten an.« Nach einer Weile brachten sie nochmals eine, und diese saß wie angegossen. »Wo habt ihr die denn her?«, fragte ich. »Es ist die Mitra, die für den Heiligen Vater bei seinem Besuch angefertigt worden war.« Schallendes Gelächter. Dass ich ausgerechnet dieselbe Kopfgröße habe wie unser Heiliger Vater!

Das ist aber nicht das Einzige, was wir gemeinsam haben. Es kommt nicht von ungefähr, dass Papst Benedikt in einem Benediktinerkloster Quartier nahm. Ausschlaggebend waren nicht die dort leichter durchzuführenden Sicherheitsmaßnahmen, sondern seine Achtung vor unserem Mönchsvater, dem heiligen Benedikt von Nursia. Dessen Regel

◄  *Papst Benedikt XVI. umarmt einen kleinen Jungen bei seinem Besuch in der Fazenda da Esperança nahe Aparecida/Brasilien am 12. Mai 2007.*

für Mönche hat das Abendland religiös und kulturell entscheidend mitgeprägt, und der Heilige Vater möchte, dass diese Mentalität auch das gegenwärtige Abendland neu durchdringe. Gern zitiert Papst Benedikt XVI. das Wort: *Christo omnino nihil praeponant* (»Christus sollen die Mönche überhaupt nichts vorziehen«), (Reg. Ben. 72,11) und die ähnliche, noch intensivere Stelle: *Nihil amori Christi praeponere* (»Der Liebe zu Christus nichts vorziehen«), (Reg. Ben. 4,21).

Diese Liebe zu Christus drückt sich zunächst aus in der Anweisung, dass dem Gottesdienst nichts vorgezogen werden soll: *Operi Dei nihil praeponatur* (Reg. Ben. 43,3). Alles soll der Mönch stehen und liegen lassen, wenn das Zeichen zum Gottesdienst erklingt, was sich dann auf die allgemeine Pünktlichkeit in unserer Kultur ausgewirkt hat. Der Gottesdienst hat selbst vor der Arbeit Vorrang, wenngleich die Arbeit ihren wichtigen Stellenwert zum Unterhalt der Gemeinschaft, zur Hilfe für die Armen und zur Vermeidung des Müßiggangs einnimmt. »Gottesdienst« meinte damals nicht, wie wir es im Deutschen oft verstehen, die Eucharistiefeier, sondern das gemeinsame Singen und Beten im Chor, das liturgische Stundengebet. Der Geist Gottes selbst ist es, der in uns, in der Gemeinschaft betet (vgl. Röm 8,26). Durch ihn bewirkt Gott das Heil an uns Menschen. Der durch das Chorgebet gegliederte Tag wird so zu einem Gottesdienst und zu einem Heilsdienst an den Menschen.

Ihre Liebe zu Christus drückten die abendländischen Mönche auch aus in der Kunst, im Schreiben der Evangelientexte, in den wundervollen Miniaturen, in den Bauten, den Plastiken, in der Musik, dem gregorianischen Choral mit seiner vertonenden Interpretation der liturgischen Texte. All das hat sich auf die gesamte Kultur der Regionen und Länder ausgewirkt.

Die Liturgie ist auch sichtbarer Ausdruck der tiefen Liebe zu Christus: die Nachfolge in seinem Gehorsam gegenüber dem göttlichen Vater. Die Mönche folgen auf dem Weg des Gehorsams »dem Herrn nach, der sagt: ›Ich bin nicht gekommen, meinen Willen zu tun, sondern den Willen dessen, der mich gesandt hat‹« (Reg. Ben. 5,13; Joh 6,38). Es geht nicht um einen funktionalen Gehorsam, sondern um den Gehorsam im Glauben. Der Mönch »kehrt durch die Mühe des Gehorsams zu dem zurück, den er durch die Trägheit des Ungehorsams verlassen hat« (Reg. Ben., Vorw. 2). Er folgt Jesus nach, von dem der heilige Paulus sagt: »Wie durch den Ungehorsam des einen Menschen die vielen zu Sündern wurden, so werden auch durch den Gehorsam des einen die vielen zu Gerechten gemacht werden« (Röm 5,19). Überhaupt ist die Regel Benedikts ganz durchdrungen von der Heiligen Schrift und hat so das Wort Gottes, die Frohe Botschaft, für das Abendland fruchtbar und konkret gemacht. Trotz aller geschichtlichen Umbrüche und menschlichen Versagens: Die Norm für den Menschen und die Gesellschaft war Gott – das Ziel, auf das Papst Benedikt das Abendland und darüber hinaus die ganze Menschheitsfamilie wieder hinführen möchte. Das ist der tiefere Sinn der Mission der Kirche.

Die Mönche sind durch ihr Leben und Wirken zu Missionaren des Abendlandes geworden. Viele taten es noch expliziter. Sie haben ihre Heimat, die Geborgenheit in ihren Klöstern, aufgegeben und gingen auf »Pilgerschaft um Christi willen« – *peregrinatio propter Christum*. Von ihnen wurde weitgehend die Christianisierung des Abendlandes getragen. Sie verkündeten das Wort Gottes, tauften, errichteten kirchliche Strukturen und bauten Klöster als geistliche und kulturelle Zentren auf. Im 19. Jahrhundert war es Bonifaz Wimmer, der nach dem Vorbild der frühmittelalterlichen Mönche den Einwanderern in die USA nachreiste, Klöster, Schulen und Pfarreien gründete; ein Andreas Amrhein, der 1884, vom selben Charisma getrieben, die Missionsbenediktiner von St. Ottilien begründete und wenig später die Missionsbenediktinerinnen von Tutzing mit ins Leben rief. Alle sind heute weltweit tätig.

Sie waren getrieben von der Leidenschaft des heiligen Paulus für Christus: »Weh mir, wenn ich das Evangelium nicht verkünde!« (1 Kor 9,16). Es war nicht ein Glaubenssystem, es war Jesus Christus selbst, der den heiligen Paulus begeistert hat. Mehr noch, er war von Jesus Christus selbst gepackt und getrieben. Er ließ ihn alle Fährnisse und Enttäuschungen hinnehmen. Er hat verkündet, Gemeinden gegründet, notfalls mit ihnen gehadert. Seine Predigt war nicht immer von Erfolg gesegnet, wenn wir an Athen denken, und die Probleme der Gemeinde in Korinth konnte er trotz allen Bemühens nicht bereinigen. Wie tief die Spaltungen saßen, bezeugt später Papst Clemens in einem Brief an diese Gemeinde.

Wenn wir heute von Neuevangelisierung sprechen, die Papst Benedikt XVI. so sehr am Herzen liegt, dann gilt es, diese Faszination von Jesus Christus in jungen wie erwachsenen Menschen zu entfachen. Das geschieht nicht durch Programme und Strukturen, sondern durch die Begegnung mit Jesus Christus selbst, in seinem Wort, in der Feier seiner Geheimnisse. Die *Lectio Divina* (»betende Lesung«) heiliger Texte, wie sie seit dem Zweiten Vatikanischen Konzil neu gepflegt wird, kann die Menschen verändern. Zwar werden Menschen, die sich für das Evangelium einsetzen, immer wieder zu hören bekommen: »Das kann man doch nicht sagen, das ist zu hart; du musst auch an dich denken und an deine Gesundheit.« Tut Letzteres eine Mutter, die zwei oder drei kleine Kinder hat? »Mit meinem Gott überspringe ich Mauern« (Ps 18,30), beten wir Mönche am Sonntagmorgen. »Weh mir, wenn ich Christus nicht verkünde!«, das gilt auch heute für alle Christen, nicht nur für die Missionare im engeren Sinn.

Vielleicht wäre es auch ein Weg, den Menschen zu sagen, wie sehr Jesus Christus unser Leben beglückt, froh und frei macht. Es gibt unzählige Möglichkeiten, und die Menschen sind ansprechbar für ein authentisches Zeugnis, ehrlich, offen und in aller Bescheidenheit, aber mit Überzeugung. Papst Benedikt selbst liefert auf seinen Reisen den besten Beweis dafür.

Nicht nur die Kopfgröße ist es also, die uns verbindet – das ist eher ein Zufall –, es ist vielmehr die Liebe zum Gottesdienst und zum Wort Gottes, die Sorge um die Verkündigung der Heilsbotschaft Jesu, nicht nur außerhalb Europas, sondern gerade innerhalb Europas selbst. Das ist es, was wir an ihm schätzen. Seine Namenswahl hat uns Benediktiner sehr gefreut, sie steht für ein Programm, das sich nicht in Aktivismus ergeht, sondern die säkularisierte Welt wieder auf ihren göttlichen

Ursprung zurückführen will, *ut in omnibus glorificetur Deus* (»damit in allem Gott verherrlicht werde«), wie der Vater des Abendlandes es in seiner Regel gesagt hat.

# ANHANG

## Autorenverzeichnis

**BECKENBAUER, FRANZ**, Jahrgang 1945, von 1965 bis 1983 Profifußballer, gilt als einer der besten Fußballer aller Zeiten. Gewinner der Fußball-Weltmeisterschaft 1974 als Spieler und Mannschaftskapitän und der WM 1990 als Teamchef. Er war Präsident des Organisationskomitees der Fußball-Weltmeisterschaft 2006, gehörte von 1998 bis 2010 dem DFB-Präsidium an und war von 1994 bis 2009 Präsident des FC Bayern München.

**GÄNSWEIN, GEORG**, Jahrgang 1956, Dr. iur. can., Prälat, Studium der Theologie in Freiburg und Rom, 1984 Priesterweihe, Studium des Kanonischen Rechts und Promotion in München, seit 1996 an der Glaubenskongregation im Vatikan tätig, seit 2003 Sekretär von Joseph Kardinal Ratzinger, seit dessen Wahl zum Papst im Jahr 2005 Privatsekretär von Papst Benedikt XVI.

**GAUWEILER, PETER**, Jahrgang 1949, Dr. jur., Rechtsanwalt, von 1990 bis 1994 Bayerischer Staatsminister für Landesentwicklung und Umweltfragen, von 1990 bis 2002 Mitglied des Bayerischen Landtags, seit 2002 Mitglied des Deutschen Bundestages, von 2002 bis 2005 Stellvertretender Vorsitzender des Ausschusses für Kultur und Medien, seit 2006 Vorsitzender des Unterausschusses »Auswärtige Kultur und Bildungspolitik«.

**GERL-FALKOVITZ, HANNA-BARBARA**, Jahrgang 1945, Dr. phil., von 1993 bis 2011 Lehrstuhlinhaberin für Religionsphilosophie und vergleichende Religionswissenschaft an der TU Dresden, seit WS 2011/12 Vorstand des Europäischen Instituts für Philosophie und Religion (EUPHRat) an der Philosophisch-Theologischen Hochschule Benedikt XVI. Heiligenkreuz.

**GINDERT, HUBERT**, Jahrgang 1933, Studium der Agrar- und Politikwissenschaften, Dr. agr., von 1973 bis 1998 Professor für Marketing am Fachbereich Betriebswirtschaft der Fachhochschule Augsburg. Er engagierte sich in verschiedenen kirchlichen Gremien und im Zentralkomitee der Deutschen Katholiken, ist seit 1996 Chefredakteur der katholischen Monatszeitschrift »Der Fels« und Initiator und Vorsitzender des »Forums Deutscher Katholiken«.

**GÜTTLER, LUDWIG**, Jahrgang 1943, zählt als Solist auf Trompete und Corno da caccia zu den erfolgreichsten Virtuosen der Gegenwart. Nach dem Studium an der Musikhochschule in Leipzig folgte er als Solotrompeter dem Ruf verschiedener international anerkannter Orchester. Lehraufträge führten ihn an das Internationale Musikseminar Weimar und als Professor an die Dresdner Musikhochschule. Er wurde mit vielen Preisen ausgezeichnet.

**HADERTHAUER, CHRISTINE**, Jahrgang 1962, bis 2008 Fachanwältin für Arbeitsrecht, seit 2005 Mitglied der CSU-Grundsatzkommission, der Familienkommission und der Medienkommission, von 2007 bis 2008 Generalsekretärin der CSU, seit 2007 Mitglied im Parteivorstand CSU und Landesvorstand FU, seit Oktober 2008 Staatsministerin im Bayerischen Staatsministerium für Arbeit und Sozialordnung, Familie und Frauen.

**HEEREMAN, MICHAELA FREIFRAU, GEB. ZU GUTTENBERG**, Jahrgang 1949, Dipl.-Theol., Autorin und freie Publizistin, Mitautorin des »YOUCAT – Jugendkatechismus der katholischen Kirche«, Vorstandsmitglied im Elternverein NRW, Mitglied des Päpstlichen Rates für die Familie.

**HIPP, CLAUS**, Jahrgang 1938, Jurastudium und Ausbildung an der staatl. anerk. Malschule H. Kropp, München, Dr. jur., 1963 Eintritt in den väterlichen Betrieb, seit 1968 persönlich haftender Gesellschafter der HiPP-Betriebe, Hersteller von Säuglingsnahrungsmitteln, Professor an der Fakultät Betriebswirtschaft der Staatlichen Universität in Tiflis, Georgien, ordentlicher Professor der Staatlichen Kunstakademie in Tiflis, Georgien.

**HÖFL-RIESCH, MARIA**, Jahrgang 1984, ist eine der erfolgreichsten Ski-rennläuferinnen der Welt. Zu ihren größten Erfolgen gehören eine Goldme-daille bei der Weltmeisterschaft 2009 in Val-d'Isère, zwei Olympiasiege bei den Olympischen Winterspielen in Vancouver 2010, Gesamtweltcup-Siegerin der Saison 2010/11. Bereits als Jugendliche errang sie fünf Juniorenweltmeis-tertitel. Sie wurde 2010 zur Sportlerin des Jahres gewählt.

**KOCH, KURT**, Jahrgang 1950, Dr. theol., 1982 Priesterweihe, 1989 bis 1996 Professor für Dogmatik und Liturgiewissenschaft an der Theologischen Fa-kultät Luzern, ab 1995 Bischof des Bistums Basel, Mitglied und ab 2010 Präsi-dent des »Rates für die Förderung der Einheit der Christen«, Erhebung zum Erzbischof durch Papst Benedikt XVI., seit November 2010 Kurienkardinal, Mitglied der »Kongregation für die Glaubenslehre und der Kongregation für die Selig- und Heiligsprechungsprozesse«.

**LIEBERKNECHT, CHRISTINE**, Jahrgang 1958, Studium der Evangeli-schen Theologie, von 1984 bis 1990 Pastorin im Kirchenkreis Weimar, seit 1991 Mitglied des Thüringer Landtags u.a. als Kultusministerin, Ministerin für Bundesangelegenheiten, Ministerin für Soziales und Präsidentin des Thüringer Landtags. Seit 30. Oktober 2009 ist sie Thüringer Ministerpräsi-dentin.

**MARX, REINHARD**, Jahrgang 1953, Prof. Dr. theol., 1979 Priesterweihe, seit 2008 Erzbischof von München und Freising, Vorsitzender der Kommis-sion für gesellschaftliche und soziale Fragen der Deutschen Bischofskonfe-renz, Mitglied im Päpstlichen Rat für die Laien, seit 2010 Großkanzler der Katholischen Universität Eichstätt-Ingolstadt. Im November 2010 nahm ihn Papst Benedikt XVI. ins Kardinalskollegium auf.

**MEISNER, JOACHIM**, Jahrgang 1933, Dr. theol., 1962 Priesterweihe, ab 1980 Bischof von Berlin, 1983 Ernennung zum Kardinal, seit 1988 Erzbischof von Köln. Er ist Mitglied mehrerer römischer Kongregationen und Päpstlicher Räte.

**MÜNCH, WERNER**, Jahrgang 1940, Dr. phil., ab 1972 Professor für Politikwissenschaften an der Kath. Fachhochschule Norddeutschland, fünf Jahre Rektor, 4 Jahre Präsident aller kirchl. Hochschulen in Deutschland, von 1990 bis 1991 Minister der Finanzen in Sachsen-Anhalt, von 1991 bis 1993 Ministerpräsident in Sachsen-Anhalt, Mitglied des Kuratoriums »Forum Deutscher Katholiken«.

**SCHÄUBLE, WOLFGANG**, Jahrgang 1942, Dr. jur., seit 1972 Mitglied des Deutschen Bundestages, von 1989 bis 1991 Bundesminister des Innern, von 1991 bis 2000 Vorsitzender der CDU/CSU-Bundestagsfraktion, seit 2000 Mitglied des Präsidiums der CDU Deutschlands, von 2002 bis 2005 Stellvertretender Vorsitzender der CDU/CSU-Bundestagsfraktion für Außen-, Sicherheits- und Europapolitik, von 2005 bis 2009 Bundesminister des Innern, seit Oktober 2009 Bundesminister der Finanzen.

**STOIBER, EDMUND**, Jahrgang 1941, Dr. jur. Dr. h.c., Bayerischer Ministerpräsident a. D. (1993 bis 2007), von 1999 bis 2007 Vorsitzender der CSU, seit 2007 Ehrenvorsitzender der Christlich-Sozialen Union und ehrenamtlicher Leiter der Hochrangigen Gruppe zum Bürokratieabbau in der Europäischen Union in Brüssel.

**TEBARTZ-VAN ELST**, Franz-Peter, Jahrgang 1959, Dr. theol. habil., seit 2002 Professor für Pastoraltheologie und Liturgiewissenschaft an der Theologischen Fakultät der Universität Passau, von 2004 bis 2008 Weihbischof im Bistum Münster, seit 2008 Bischof von Limburg und seit 2011 Vorsitzender der Kommission für Ehe und Familie der Deutschen Bischofskonferenz.

**WALLNER**, Karl Josef, Jahrgang 1963, Dr. theol., seit 1982 Zisterzienser des Stiftes Heiligenkreuz, 1988 Priesterweihe, ab 1993 Professor für Dogmatik und Sakramententheologie an der Philosophisch-Theologischen Hochschule Benedikt XVI. Heiligenkreuz, seit 1999 Jugendseelsorger und Rektor der Hochschule.

**WOLF, NOTKER**, Jahrgang 1940, 1961 Eintritt in das Benediktinerkloster St. Ottilien, Studium der Philosophie an der Päpstlichen Hochschule Sant'Anselmo und der Theologie und Naturwissenschaften in München, Dr. phil., 1968 Priesterweihe, ab 1970 Professor für Naturphilosophie und Wissenschaftstheorie in Sant'Anselmo. Im Jahr 2000 wurde er zum Abtprimas der Benediktinischen Konföderation in Rom gewählt.

## Bildnachweise

© BMF/Laurence Chaperon, S. 143
© ddp images/dapd, S. 11
© KNA-Bild/ Katharina Ebel, S. 94, 132
© KNA-Bild/ Cristian Gennari, S. 180
© KNA-Bild/ N.N., S. 144
© KNA-Bild/ Markus Nowak, S. 82
© KNA-Bild/ Harald Oppitz, S. 156
© KNA-Bild/ Osservatore Romano, S. 27, 36
© KNA-Bild/ Pool, S. 46
© KNA-Bild/ Wolfgang Radtke, S. 72
© KNA-Bild/ Siciliani, S. 90
© KNA-Bild/ Günter Vahlkampf, S. 170
© Servizio Fotografico dell'Osservatore Romano, S. 2, 15, 16
© Thüringer Staatskanzlei/Markus Scheidel, S. 106
© Thüringer Staatskanzlei, S. 107

© www.maria.com.de, S. 91
© www.papstfoto.com/Christoph Hurnaus, S. 58, 64, 114, 120, 150
© http://www.peter-gauweiler.de, S 25

Alle übrigen Bilder © privat